中学2年の学級づくり 365日の仕事術&アイデア事典

玉置 崇 編著

明治図書

はじめに

　職員室の私の前に，教員歴４年目になる青年教師の机があります。目の前にいることもあって，何気ない会話をすることがよくあります。
　２学期の始業式の朝のこと。
「いよいよ充実の２学期開始だね。学級できっちり話しなよ」
と話しかけると，
「わかりました！」
という元気のよい返事が返ってきました。そこで，
「どのような話をするつもりなの？」
と質問したところ，彼は，私に次のように言ったのです。
「２学期のはじめですから，今学期もがんばろうという話をしたいと思います。でも，『がんばろう』という言葉は出てきますが，話のネタがなかなか見つからないのです…」
　おいおい…と思いながらも，「こうした悩みをもっているのは，目の前の青年教師だけではないな」と考えたのです。
　１年間の学級づくりを考えてみるとき，学級担任として時期ごとに押さえておかなければならないポイントがいくつかあります。そこで，青年教師を育てる意味でも，それらに合わせたトーク例を示すことには大きな意義があるのではないかと考えました。これが，仲間と共にこの本を世に出そうと思う原動力となりました。

　振り返れば，私自身が青年教師だったころは，ストーブを囲んで，先輩たちから様々な学級づくりのアイデアや仕事術を伝授されていました。今ではすっかり死語となった，いわゆる「ストーブ談義」というものです。
「学級目標を決めることを焦ってはいけないよ。まずはそれぞれが考える理想の学級像を書かせることだ。それらを発表させて，グルーピングしてい

くんだ。こうして徐々に徐々に，互いの思いをすり合せていく。ここが大切なんだ」

「合唱コンクールに向かって，日に日にまとまっていく学級があれば，バラバラになっていく学級がある。その違いはどこにあると思う？ 担任が様々な練習方法を知っていることもその１つだ。練習方法を変えると，生徒たちの気持ちも変わるんだよ。当然，合唱も変わってくるというわけだ」

「君の学級の掲示物には動きがないね。動きのある掲示物というのは，学級の今が見える掲示物のことだ。例えば，行事ごとに自分の目標を色紙に書かせて，それを掲示すればいい」

「担任が提出物を集めず，係を動かすことだ。係を鍛えると，担任は随分楽になるよ。うちの学級は，提出物は上下をそろえ，名簿順に重ねて持って来るように指示してあるから，点検はあっという間に終わっているよ」

このように，学級づくりに際してのアイデアや押さえるべきポイント，さらには仕事術を，先輩は惜しげもなく語ってくれました。

この本は，こうしたベテラン教師の語りを紙上に再現していることが，特長の１つになっています。

今回の企画・編集をしていただいた明治図書の矢口郁雄さんには，『スペシャリスト直伝！　中学校数学科授業成功の極意』をはじめ，多くの拙著を担当していただいています。この本も，矢口さんの高い編集力のおかげで，とても読みやすく，使いやすい本になりました。自信をもっておすすめできる，365日活用できる学級づくり本ができました。

2015年2月

編著者　玉置　崇

はじめに

1章 中学2年の学級づくりのポイント
2年で生徒と学級をここまで高めたい！

1 生徒をここまで高めたい！
1. 中学生らしさをさらに進化させる……12
2. 学び合うことの価値に気付かせる……13

2 学級をここまで高めたい！
1. 自ら学級をつくっていこうとする雰囲気がある学級……14
2. 先を見て動くことができる学級……15
3. ユーモアがわかる学級……16

2章 中学2年の学級づくり
365日の仕事術＆アイデア

1 始業式までに
担任としての心構え 18
教室の環境を整えよう 20
学級運営を円滑に行うためのルールをつくろう 22

2 始業式
トークのネタ 始業式の日の教室で 24
先輩としての自覚を促す教師のメッセージ 26
自分自身が目指す先輩像を発表しよう！ 28

3 学級組織づくり
トークのネタ 学級の組織づくりを行う場面で 30
「当たり前のこと10か条」を決めよう！ 32
係・当番活動の掲示物づくり 34
真の学級リーダーを選ぼう！ 36
リーダー育成，学級経営のビジョンを示そう 38

4 健康診断・身体測定
トークのネタ 健康診断・身体測定の前に 40
作業を通して自分の体の成長に気付こう 42

5 学び方

トークのネタ 授業開きの時間に ……………………………… 44
授業中の望ましい態度について考えよう！ ……………… 46

6 給食

トークのネタ はじめての給食の前に ……………………… 48
担任も参加しておかわりジャンケン！ …………………… 50
学級全員で目標にチャレンジしよう！ …………………… 52
片づけ完了までが給食の時間 ……………………………… 54

7 最初の定期テスト

トークのネタ 最初の定期テストの前に …………………… 56
進路学習を通してテストへの意欲を高めよう …………… 58

8 部活動

トークのネタ 部活動が本格始動する前に ………………… 60
先輩／後輩としてするべきことを考えよう ……………… 62

9 家庭学習

トークのネタ 家庭学習について …………………………… 64
家庭学習に持続的に取り組ませるためのアイデア ……… 66

10 校外学習

トークのネタ 校外学習の前に ……………………………… 68
仕事を分担するよさを実感させる手だて ………………… 70

11 1学期の振り返り

トークのネタ 1学期の振り返りの場面で ········· 72
盛り上がる反省会!? ······················· 74

1学期の通知表 ····························· 76

12 夏休み

トークのネタ 夏休みの前に ··············· 78
"長いようで短い夏休み"を意識させるアイデア ····· 80
日ごろできないことにチャレンジしよう！ ········ 82
トークのネタ 夏休み中の出校日に ········· 84
出校日後の教師の仕事 ······················ 86

13 2学期始業式

トークのネタ 2学期始業式の日に ········· 88
リーダーとしての意識を高めよう！ ············ 90

14 体育大会

トークのネタ 体育大会に際して ··········· 92
学級の団結を強める種目決め ················ 94
応援練習にICTを活用しよう！ ··············· 96
学級の団結を強める寄せ書きづくり ·········· 98

15 生徒会役員選挙

トークのネタ 生徒会役員選挙の前に ······· 100
"学校の柱"としてできることを考えよう ······· 102

16 美術・書写競技会

トークのネタ 美術・書写競技会の前に ……………………………… 104
ほめることが担任の仕事 ………………………………………… 106

17 学級組織づくり（後期）

トークのネタ 学級の組織づくりを行う場面で ……………… 108
学級役員決めは選挙で！ ………………………………………… 110

18 文化祭・合唱コンクール

トークのネタ 文化祭・合唱コンクールの前に ……………… 112
生徒の名言が行事を成功に導く！ ……………………………… 114
合唱練習のガイドライン ………………………………………… 116
やる気は「表情・口の開き具合・息継ぎ」に表れる！ ……… 118

19 保護者面談

トークのネタ 保護者面談の前，生徒に ……………………… 120
三者面談を親子の会話のきっかけに …………………………… 122

2学期の通知表 ……………………………………………………… 124

20 冬休み

トークのネタ 冬休みの前に …………………………………… 126
生徒をやる気にさせる冬休みの学習法 ………………………… 128

21 3学期始業式

- **トークのネタ** 3学期始業式の日に ……………………………… 130
- 写真で提示する望ましい姿 ……………………………… 132

22 学年末テスト

- **トークのネタ** 学年末テストの前に ……………………………… 134
- テスト勉強に学級の力をフル活用！ ……………………………… 136

23 職場体験学習

- **トークのネタ** 職場体験学習の前に ……………………………… 138
- 模擬面接で職場体験学習の準備は万全！ ……………………………… 140
- 受け入れ先で誤解を受けないために ……………………………… 142
- 最低限守るべきことをカードに ……………………………… 144

24 卒業生を送る会

- **トークのネタ** 卒業生を送る会の前に ……………………………… 146
- 生徒中心で会の準備を進める手だて ……………………………… 148
- スライドショーで感動を演出！ ……………………………… 150

25 修了式

- **トークのネタ** 修了式の日に ……………………………… 152
- 2年生担任としての別れの演出の仕方 ……………………………… 154

3学期の通知表 ……………………………… 156

中学2年の
学級づくりのポイント

2年で生徒と学級を
ここまで高めたい！

1 生徒をここまで高めたい！

1 中学生らしさをさらに進化させる

　1年間の中学校生活を経て2年生になったわけですから，**中学生らしさをさらに進化させる**ために，大きな目標を掲げたいものです。
　以下に例を示します。

①中学生らしい資質

向上心のある中学生になるために
・素直，一途になれる。
・技術，記録の向上を喜ぶ。
・読書の習慣を身に付ける。
・よいと思ったことが実行できる。
・精神的価値に心を向けることができる。
・幸せは，心の問題であることがわかる。

②中学生らしい社会性

礼儀正しく，広く社会に関心をもつ中学生になるために
・相手に応じて適切な言葉遣いができる。
・語彙が豊富である。
・共感する心が豊かである。
・思慮分別がある。
・私と公の区別がつけられる。
・新聞の社会面に目を通し，政治などに高い関心をもつ。

③中学生らしい学校生活

集団の中での自分の役割，責任がわかる中学生になるために
・きまりや公の約束事を守ることができる。
・集団での役割を自己中心ではなく客観的にみることができる。
・生産的な思考ができる。
・行事の成功のために取り組みに没頭できる。
・自分の仕事に対する責任感が強い。
・学校生活に豊かなイメージを描くことができる。
・自分の学校や家庭がきれいなことに誇りと喜びをもつ。

このほかにも様々な視点があります。
　生徒に出会う前に，上記のように具体的に示すことができるように準備しておきましょう。

2　学び合うことの価値に気付かせる

　2年生の段階では，仲間と「学び合う」ことの価値がわかる生徒に育てたいものです。
　学び合うことの基本は，自分のわからなさを素直に表現できることです。2年生ともなると，ますます自我が目覚め，何事においてもなかなか素直になれない生徒が多くなります。担任はこのことを踏まえながら，「自分を高めるために一番大切なことは，わからないことをわからないと人に伝えることだ」と話しましょう。
　しかし，恥ずかしくてなかなか言えないと思う生徒がいることも事実です。友だちとの間で気軽に「わからないから教えて」と言い合える学級にしたいこと，互いに心がけることでそのような学級となることも伝えましょう。
　授業名人と言われる野口芳宏先生が，かつて**「子ども同士で聞き合うこと**

で，理解が促進できることが確かにある」と仰いました。こういった例をあげるまでもなく，先生に聞くより，仲間に教えてもらった方がすんなりわかることがあることは，教師自身が一度や二度は体験しているはずです。

2 学級をここまで高めたい！

1 自ら学級をつくっていこうとする雰囲気がある学級

　中学校は，小学校と比較して，「自主・自律」をしっかり学ぶ場であると言えます。
　2年生は1年間の中学校生活を終えていますから，その経験を基に，できる限り生徒の考えで学級づくりをさせたいものです。
　そのために，**まずは学級役員の意識を高める**ことです。学級を引っ張っていく生徒を育てなければ，どうしても担任主導とならざるを得ないからです。
　学級担任のところには，引き継ぎ事項として前年度の生徒の情報が届きます。その中で，リーダー性がある生徒についての言及があるはずです。学級

づくりの核となり得る生徒をどの学級にも配置することは，学級編成の鉄則だからです。

　大切なことは，この情報を見間違えてはならないということです。生徒のリーダー性は，あくまで担任の支援があってこそ発揮されるものです。学級担任としての経験が浅い場合，リーダー性がある生徒が数人いると「学級づくりは彼らに任せた」とばかりに安心してしまいがちですが，それはとても危険なことです。

　ここは，生徒の立場で考えてみましょう。いくらリーダー性があると言っても，新しい学級になって「よし，今年もよい学級をつくってやろう」などという気持ちになっているわけはありません。考えていることは他の生徒と同じで，「〇君や△さんと同じ学級になってよかった」とか，「□君と別れて寂しい」といったことなのです。

　教師がていねいに舞台を用意してやりさえすれば，リーダー性がある生徒は大いに活躍してくれます。リーダーを核として，学校や学級行事に対して前向きに取り組むことができる学級，自らの手で学級をつくっていこうとする雰囲気がある学級にしていきましょう。

2　先を見て動くことができる学級

　1年間の中学校生活を経て得たものは，様々なところで発揮されます。「先を見ることができる」というのも，その1つです。

　2年の学級では，この強みを生かしたいものです。そのためには，**担任が1学期の間，何事においても意識して我慢することが必要**です。何でも担任が先んじてしまうと，生徒は何も考えず，指示されたことをしっかりやることだけを考えてしまいます。

　1学期は，折に触れて「先のことを考えて動こう」とメッセージを送り続けます。「先のことを考える」というのは抽象的な表現ですが，2年生になれば，具体的にどういった場面に当てはまることかも考えられるはずです。

担任が心がけておくべきは，先のことを考えた言動があった場合に，すかさずほめることと学級全体に周知することです。

　1学期に十分に育った学級は，実に気持ちのよい学級集団になることでしょう。担任が細かな指示をすることなく，生徒が状況を見て，先のことも頭に描きながら，動くことができるのですから。

3 ユーモアがわかる学級

　どの学年においても大切にしたいのが，ユーモアがわかる学級づくりです。**学級に温かい空気をつくり出す要因の1つが，ユーモアのセンスがある生徒の存在**です。担任のちょっとしたくすぐりにも素直に反応し，笑ってくれたり，微笑んでくれたりする生徒の存在は，学級を明るく温かいものにしてくれます。失敗はだれもがするものですが，ユーモアがある学級では，失敗を許容する雰囲気も生まれてきます。

　こういった雰囲気をつくり出すために，担任もいつもにこやかに，ときにはユーモアを発揮すべきです。堅物先生ではいけません。

2章

中学2年の学級づくり

365日の仕事術&アイデア

1 始業式までに

担任としての心構え

1 「中だるみの学年」と思わない

　多くの中学校教師が,「2年は中だるみの学年」という感覚をもっています。その理由もほぼ同様で,「1年は新鮮な気持ちで学校生活を送り,3年は進路を意識して自律的な学校生活を送るから」というものです。2年は中学校の真ん中の学年なので,このような感覚を自ずともつのでしょう。

　しかし,教師がそう思っているからこそ,実際に中だるみの学年になってしまうという側面があります。ちょっとした言動の中で,「君たちは中だるみする学年だから…」というメッセージを生徒に伝えているのです。学級担任だけでなく,教科担任も同様の気持ちであれば,自ずと生徒に伝わります。そうすると生徒も,「先生たちが思っているようになろうじゃないか…」という気持ちになるものです。まずは,教師自身の「2年は中だるみの学年」という感覚を一掃すべきです。

2 過去との比較で話をしない

　生徒は比較されることを嫌がります。例えば,2年生になって1年生のときと比較されるのは,生徒にとって気持ちのよいことではありません。「1年生のときはできたじゃないか！」「1年生のときのまとまりはどうした！」などと担任が言おうものなら,生徒は強く反発することでしょう。担任は,今を見て語ることを忘れてはいけません。「こういう状況だけど,みんなはどう思う？」といったように,だれもが納得できる場面を示して話す必要があります。

3 「ＡＢＣＤの原則」を守らせる

A＝当たり前のことを
B＝バカにしないで
C＝ちゃんとやれる人こそ
D＝できる人

　これを，ＡＢＣＤの原則といいます。
　わかりやすく浸透しやすい言葉ですが，これから長い人生を送る中学生に，生涯にわたって大切なことを身に付けさせるのだという覚悟をもって伝えたい原則です。
　言うまでもなく，この原則は一般社会に出てからも，十分に通用するものです。

4 まあるく，まあるく

　この「まあるく，まあるく」とは，爆笑落語家の故・桂枝雀が目指していた人生観です。
　枝雀の理想の落語は，高座にこにこしているだけで，お客様に満足してもらえる落語でした。つまり，自分と同じ空間にいることを喜んでいただけるようになりたいということです。そのために，「まあるく，まあるく」，つまり，とげとげせず，人を包み込むような人間でありたいと考えていたのです。
　生徒と担任の関係もこのようにありたいものです。生徒が担任と一緒にいるだけで安心できる，心落ち着くと思っている教室はどれほど素敵でしょう。生徒は担任に温かく包み込んでもらっていると感じるからこそ，安心感をもつものです。ときには厳しく対処することも必要ですが，最後は「まあるく，まあるく」ありたいものです。

1 始業式までに

教室の環境を整えよう

1 事実と主観は区別して

　生徒一人ひとりについて予備知識をもっておくことはとても大切です。家庭環境や生育歴，行動傾向，学習成績，身体的特徴，部活動など，様々な側面から把握しておきたいものです。小学校からの申し送りと学級編成資料（個人カルテ）が参考になるはずです。詳しく知りたいことは1年時の担任の先生に尋ねるとよいでしょう。気を付けたいのは，客観的な事実と記入者の主観をきちんと区別することです。先入観は禁物です。客観的な事実を踏まえ，新鮮な目で生徒を見ましょう。「進級を機に変わりたい」と思っている生徒もいるはずです。色眼鏡で見ることだけは避けたいものです。

2 教室の環境を整える

　生徒が毎日を過ごす教室の環境を整えることも非常に重要で，例えば，掲示物であれば，年間を通して掲示し続けるものと期間限定で掲示するものの区別，生徒がつくるものと教師がつくるものの区別など，掲示場所やスペースへの配慮が必要です。また，教室の前面に掲示するものは，常に目にするものだけに，より丁寧につくりたいものですが，カラフルすぎるのも考えものです。

　机といすの点検も必要です。破損していたり，安定感に欠けたりしているものは事前に交換しておきましょう。また，2年生ともなれば名前シールはあえてつけません。席替えのたびに，机と椅子も替わるので，その方が公共性を強く感じさせることができ，大切に使用するようになります。

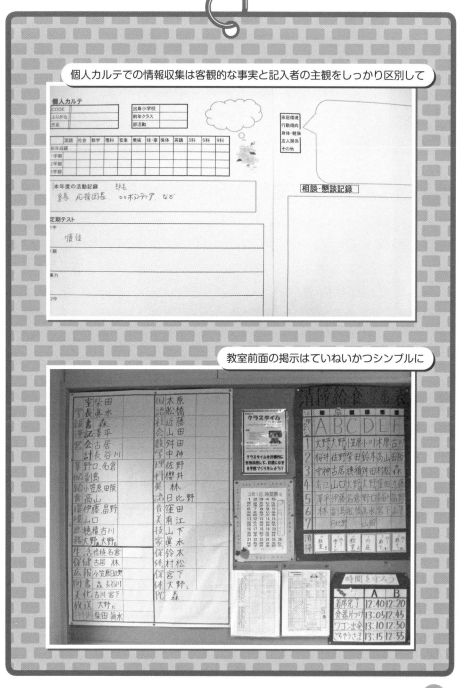

個人カルテでの情報収集は客観的な事実と記入者の主観をしっかり区別して

教室前面の掲示はていねいかつシンプルに

1　始業式までに
学級運営を円滑に行うための
ルールをつくろう

1 どこまで生徒に任せるかを整理する

　先述の通り，「２年は中だるみの学年」とよく言われます。教師がそのような先入観をもってはいけませんが，中学校生活にすっかり慣れ，高校受験はまだ先のことにしか思えない２年生は，学校生活全般に対するモチベーションが下がりやすいのは確かでしょう。

　それを防止する手だての１つが，生徒が主体となる場を多くつくることです。しかし，何もかもを生徒に任せることはできません。新年度が始まる前に，どこまで生徒に任せるか整理しておきましょう。

2 学級のルールづくり

　学級運営を円滑に行っていくうえで，ルールづくりは欠かせません。例えば，給食をおかわりする or 残すときの約束，忘れ物の報告の仕方，家庭学習の点検と忘れた生徒への対応といったことは，あらかじめルール化して，生徒と共有しておくことが大切です。

　そして，担任が忘れてはならないのが，決めたルールを担任自身が１年間しっかり守るということです。小さなこともいい加減にせず，決めたルール通りに進めます。生徒はそういった担任の姿勢をよく見ています。不都合が出てきたときも，生徒と話し合って変更する必要があります。担任の一存で勝手に変えてはいけません。

　まずは，始業式までに，１年の学級ではどんなルールがあったのかリサーチしてみましょう。

生徒がつくった係の表。生徒が主体となる場をできるだけ多くつくることで中だるみを防ぎます

給食当番のルールもしっかり決めておきます

2 始業式

トークのネタ 始業式の日の教室で

1 話し始める前に

「2年は中だるみの学年」とよく言われます。だからこそ担任の好リードが必要です。始業式の日の学級の時間は，2年のスタートを飾る大切な日です。そこで担任が何を話すかに，ある意味1年間の勝負がかかっていると肝に銘じるべきです。

留意すべきことは，前年との比較を避けるということです。前年がよい状態でもそうでなくても，2年に進級し，心新たにスタートする日なのですから，「昨年度のように…」といった言葉は禁句です。すべての生徒が昨年度はよかったと思っているわけでもありません。

以上を踏まえ，あらゆる面で新たな意識でスタートしようという気持ちを高める話をしたり，生徒の心に響く言葉を紹介したりしたいものです。

2 話の献立

- **担任としての意気込み**（この学級にかける熱い思いを黒板に書いたり，学級通信を使ったりしてしっかり伝える）
- **生徒の呼名**（事前に読み方を確認しておくことを忘れずに。生徒の自己紹介より，教師の明るく，テンポ良い呼名の方がベター）
- **1年間の流れ**（年度後半には3年生に代わって学校の顔となる学年であることを意識させる）

トーク 始業式の日の教室で

教室に入るなり，まずは全員の顔をしっかり見ましょう。そして話し始めます。

> 今日から中学2年生がスタートです。2年生は中学校のちょうど真ん中の学年ですから，アンパンで言えば，真ん中のアンなのです。アンがアンパンの味を決めますよ。

中学2年生の過ごし方こそ大切であることをイメージしやすい例を出して話します。

> 2年生は，変化の大きい1年です。部活動で言えば，運動部は8月ごろ，文化部は秋ごろに3年生が引退します。そのあとは，あなたたちが中心になって部活動を運営することになります。あと半年で学校の顔と言われる存在になるわけです。

このようなことを自分自身で認識できる生徒はほとんどいません。だからこそ，学級担任からしっかり伝えましょう。

> さて，縁あって君たちを担任することになりました。君たちはどのように思っているかわかりませんが，私は心の底からうれしく思っています。1年生は入学した学年ですから印象に残ります。3年生は卒業学年ですから，やはり印象に残ります。でも私は，2年生の君たちと，末永く心に留めておきたいと思える学級を一緒につくりたいのです。

こうした担任の思いに心を動かされる生徒は必ずいます。表情に出さないまでも，心の中で「よし，やるぞ！」と思う生徒，「今年の担任の先生はやる気だ！自分もがんばろう」と思う生徒がいます。

> 今から，君たち一人ひとりが大活躍してくれることを心から願って，名前を呼びたいと思います。しっかりと返事をしてください。

ここで注意したいのが，「大きな声で返事」と言わないことです。これは，場をわきまえた応答をさせるためです。そのために「しっかりと返事」という表現を用います。

2 始業式
先輩としての自覚を促す教師のメッセージ

1 先輩としての自覚

　生徒が自分のクラスを確認して教室に入ってから，始業式までの時間は短いものです。新しい級友に戸惑い，落ち着かない様子の生徒たちが大勢いることでしょう。

　しかし，体育館に入場する前にどうしても伝えておきたいことがあります。それは，「後輩たちが君を見ている」ということです。尊敬される，憧れの対象となる先輩になるには，どのような姿勢で始業式に向かうべきなのか。そのことを考えさせるのです。

　落ち着いて話をする雰囲気ではないので，右ページ上の写真のように，予め板書しておき，手短に伝えるとよいでしょう。

2 学級目標は端的に

　中学2年の1年間，生徒には自分の限界に挑戦し，あらゆる力を伸ばしてほしいものです。そういった願いを込めて立てるのが，学級目標です。

　生徒に話し合わせる，学級のリーダー層に考えさせる，など学級目標の決め方はいろいろありますが，担任が願いを込めて提案するのも悪くはないのではないでしょうか。

　学級目標は，例えば「トップランナーズ」のように，生徒の意識にとどまりやすい端的な表現のものがおすすめです。折に触れて指導に生かすことができるような目標を掲げることができれば，学級経営の大きなよりどころになります。

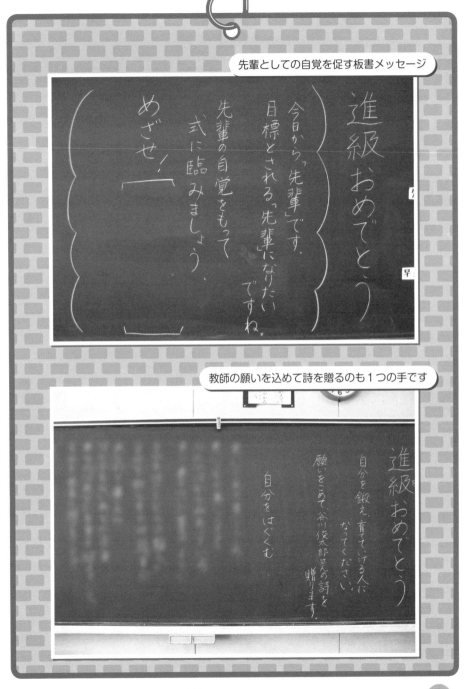

2 始業式
自分自身が目指す先輩像を発表しよう！

1 自分自身が目指す先輩像とは

　始業式当日の朝，クラス掲示を見る生徒の目は希望に満ち，輝いています。しかし，生徒はまだまだ未熟で，心や行動にも様々な揺れが生じやすいのも事実です。

　そこで，1年生の春休みの段階で，自分自身が目指す先輩像を文字にして表現させておきます。そして，始業式前の教室で一人ひとりの生徒に発表させます。友だちの考える様々な先輩像に触れることで，生徒の表情にもどことなく先輩としての自覚が帯びてきます。

2 始業式への心構えを伝える

　生徒に先輩としての自覚が芽生えたところで，教師からのメッセージを送ります。

　「偉そうに後輩に物事を言うのが先輩ではなく，背中で語るのが本物の先輩。今日の始業式で新入生が一番見ているのは，身近な先輩である2年生です。今日の始業式では，先輩として堂々とした姿を見せてください」

　また，教師の思いを込めた漢字1字を拡大コピーして黒板に貼り，「今日の始業式で大切にしてほしいことはズバリこれです」と簡潔に生徒に伝えてもよいでしょう。

　学級を運営していくうえでは，生徒に考えさせたり発表させたりすることは大切ですが，このように，教師の思いを前面に押し出すことが必要な局面も出てきます。

生徒が書いた，自分自身が目指す先輩像

先輩になりました！

4月からいよいよ先輩になります。君たちの目指す先輩像を書いてみよう。

私も4月から先輩になります。口だけでなくちゃんと行動で示せるような先輩になりたいです。「先輩ってすごい!!」と言われるように勉強でも部活でも行事でも努力をしていきたいと思います。

始業式に向けての心構えを漢字1字で表して生徒に提示します

3 アンケート 学級組織づくり

トークのネタ 学級の組織づくりを行う場面で

1 話し始める前に

　1年間の中学校生活を終えて迎えた新しい年度です。新しい年度の当初は，昨年の思い出に引きずられ，たいした意味もなく「1年生のときはよかった」と，つい口にする生徒がいるものです。

　担任は，こうした生徒の一言を気にしすぎないことです。生徒との距離を縮めようと考えて，あまりも昨年の様子を聞きすぎてしまうと，収拾がつかなくなってしまうからです。他学級の様子を参考にするのもよいことですが，それらを基に自分の考えを固めることが大切です。

　2年の学級の組織づくりは，生徒にも昨年の経験がありますから，まずは生徒の考えを尊重します。意見が分かれるようであれば，「学級役員会議で決めてもらうことにしたいのですが，どう思いますか？」などと，話し合いの流れそのものを生徒に考えさせてもよいでしょう。

2 話の献立

- 学級組織に期待すること（担任が考える2年の学級像を伝え，そのためにどのような組織であればよいのかなどを伝える）
- 学級組織が果たす役割（学級組織が崩れていると，学級生活そのものが円滑に進まないことを押さえる）
- 年度前半に行われる学校や学級行事（学校生活のイメージをもたせる）

トーク 学級の組織づくりを行う場面で

　２年生になって，君たちの最初の大仕事と言ってもいいことをこれから話します。よく聞いてください。それは，この学級の組織について考えてもらうことです。

　学級担任を重ねてくると，こうした言い回しをせず，「はい，学級組織を考えるよ」などと軽く伝えてしまいがちです。教師は２年生担当を何度も経験していても，生徒ははじめてです。このことを忘れてはいけません。

　１年の学級では，それぞれの学級で様々な組織をつくっていたと思います。その中で，この係や当番は必要だな，こういう係があったらいいな，と思ったことがあると思います。まずは紙に自分の考えを書いてください。

　一人ひとりが学級組織について考える時間を確保するために，このように紙に書くように指示をします。１年時の経験がありますから，こうした時間をとることは有効です。

　それでは，各自が書いた係と当番を黒板に書きに来てください。

　書かせたら「見える化」します。書かせっぱなしが続くと，生徒は徐々にいい加減に書くようになります。

　さて，たくさん書いてくれましたね。１年生のときの各学級の様子がわかるような気がします。ここからが大仕事です。この学級ではどのような係と当番をつくっていくか，君たちの考えを大切にしたいと思います。ただし，担任としての思いは聞いてください。

　担任の思いをしっかり伝える時間を確保してください。心ある生徒は，しっかりと聞き，それを反映させようとします。

　私としては，「自主・自律」の学級になってほしいのです。小学校１年生から考えてみると，８年目の学級生活ですよね。先生が細かな指示をしなくても，君たちの手で動く学級であってほしいのです。そのためには係と当番がきっちり稼働していないといけません。

　学級通信で先に伝えておくなど，しっかり伝える策も講じたいところです。

3 アンケート 学級組織づくり
「当たり前のこと10か条」を決めよう！

1 自分の学級への意識の高まり

　２年生は，中学校生活にも慣れ，徐々に自主的に動く力を付けてきています。また，１年生のときよりも"私の学級"という意識が高くなります。

　そんな時期だからこそ，「この学級でみんなは何を大事にしていきたい？」と問い，生徒の考えや意見を学級組織づくりに反映させたいものです。

2 当たり前のこと10か条

　生徒からあがってきた，学級で大事にしたいことを検討して10個に絞り，それらを学級の「当たり前のこと10か条」に定めます。絞り込みのポイントは，学級で１年間，少なくとも１学期間は守り通すことができるルールや目標をチョイスするということです。

　そして，「当たり前のこと10か条」を踏まえたうえで，学級目標（スローガン）を決めます。学級目標を決めるときには，決まるまでの過程，つまりなぜその学級目標にするのかを議論することを大事にします。時間がかかる場合もありますが，担任が焦って無理にまとめようとしたりすると，学級目標が形だけのものになってしまいます。

　さらに，担任が具体的なエピソードを語ったりすることで，学級の目指すリーダーや部活動のキャプテンの理想的な姿とはどのようなものなのかを考えさせます。その際には，一面的なとらえではなく，担任は複数の面からリーダー像を示すことに留意します。今後，生徒が目標とすることができるようなリーダー像を示したいものです。

「当たり前のこと10か条」の例

第1条　自分の意見をしっかりもつ
第2条　仲間外れをしない
第3条　人の話を黙って聞く
第4条　自分の行動を考える
第5条　一日一善
第6条　人情を大切にする
第7条　活動はみんなで盛り上げる
第8条　自分の言葉に責任をもつ
第9条　授業と休み時間の区別をしっかりつける
第10条　だれかが落ち込んでいたらみんなで励ます

キャプテンの理想的な姿についての説話例

　みんなは，学級のリーダーや部活動のキャプテンをどう思っていますか？
　それは，先生が言っていることを代弁する人なのでしょうか。学級や部活動の先頭にいつもいる人なのでしょうか。仲間が声が出てない状況で声を出してない人を怒る人なのでしょうか。
　先生の尊敬するキャプテンの話をします。この人は，私が高校生のときの部活動のキャプテンです。膝の靱帯(じんたい)を怪我して，試合には，ほんの少ししか出ていませんでした。キャプテンはずっとベンチで，試合のコートの中にはキャプテンがいない状況です。だけど，先生は全然不安ではありませんでした。いつも一緒にいてくれたからです。いつも近くで見守っていてくれたからです。そのキャプテンは，ベンチで大きな声を出し，勇気をくれました。先生のチームに点が入ると，すごく喜び，ミスをすると励ましてくれました。本気で喜び，本気で怒ってくれました。
　先生は，このキャプテンに今でも頭が上がりません。人として尊敬しています。そして先生は，このキャプテンの真似をしているのかもしれません。
　「当たり前のことが当たり前にできる」というのは，簡単なようで，とっても難しいことです。このキャプテンがいなければ，今の先生はないと思っています。

3 学級組織づくり

係・当番活動の掲示物づくり

1 係・当番活動とは

　より快適に学校生活を送るためには，いろいろな仕事を分担して活動する必要があります。学級の係活動や当番活動がこれにあたります。とくに係活動は，創意工夫をこらすことができる活動なので，生徒の自主性を生かすように決めていきたいものです。

2 前年度の経験を踏まえて

　どんな係が必要か，その係には何人の生徒を割り当てるべきか，1年時の経験を生かして意見を募ります。話し合いの前日に予告して，昨年の学級でよかった点，改善したい点を思い起こさせておきます。また，学級独自の係を考えさせるのもよいでしょう。

3 係・当番活動の掲示物

　係・当番決めのポイントは，仕事の内容を明確にさせるということです。仕事の内容が明確でなければ，係に必要な人数も決めることができません。例えば，教科連絡係ならば，「昼休みまでに連絡事項を確認し，帰りの学活までに背面黒板に記入する」などといったように，できるだけ具体的に考えさせます。

　係・当番が決まったら，メンバーや仕事の内容，ひと言コメントなどを入れた右ページの写真のような掲示物をつくります。これらは担任や学級の生徒全員の目に見える教室前面などに掲示します。

仕事の内容はできるだけ具体的に

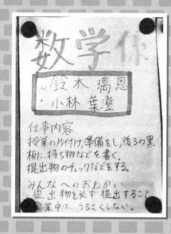
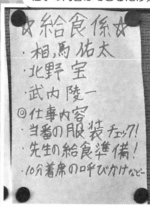

担任や学級の生徒全員の目に見える教室前面などに掲示

3 学級組織づくり

真の学級リーダーを選ぼう！

1 真のリーダーとは

「担任はだれになるのだろう…」「新しいクラスで友だちができるかな…」「勉強についていけるかな…」と不安な気持ちで始業式を迎えた生徒たちも，2年生ともなると，新しい学級での生活にも数日でなじみ始めます。

そんな中で行われるのが，学級代表などリーダーの選出です。何も指導せずにいきなり選挙を行ったりすると，人気投票になりがちです。

そこで担任は，リーダー決めに入る前に「名前だけの学級代表では困ります。先生は，責任をもって，クラスの変化に気付いてみんなに声をかけられる人を望んでいます。また，選ぶ側の人も，友だちだから投票する，というのではなく，この人なら学級を1つにまとめてくれる，という人を選んでください」と伝えます。

2 リーダーを選ぶ手順

上記のような教師の話を踏まえ，より具体的に学級のリーダーに求められる資質を生徒にあげさせて板書し，それを投票の際の参考にさせます。

また，立候補を考えている生徒は，投票の前日に集め，それぞれの意気込みや抱負を確認しておきます。

そして，投票の前にそれを学級全員の前で発表させます。スタートして数日の学級で行うにはハードルの高いことですが，人前で堂々と意見を述べられるというのも，リーダーに求められる資質の1つであることを伝えておきたいものです。

生徒が考えた学級のリーダーの資質の例

- みんなに分け隔てなく声をかけられる（問題行動が見られる生徒に対しても言葉かけができる）。
- 自分のことをミスなく，しっかりできる（ルールや決めごとを守ることができる）。
- 前向きに行動できる（いやな仕事も進んで引き受ける）。
- 変化に気付くことができる（相手の様子，教室の様子に敏感である）。
- 自分のことよりも相手のことを考えて行動できる（自分が嫌なことがあってつらくても，周囲に気づかいができる）。
- いつも笑顔である（教室の雰囲気を明るくすることができる）。
- 友だちの信頼が厚い（信頼するに足る実績を積んでいる）。

リーダー候補は学級全員の前で立候補の意気込みや抱負を述べます

3 学級組織づくり アンケート

リーダー育成，学級経営のビジョンを示そう

1 リーダー育成ビジョン

2年の後半には，生徒会執行部をはじめとした委員会は，3年生が引退し，2年生が中心になって運営していくことになります。そのことを踏まえると，会長候補が年度当初から学級委員長や議員，生徒会役員を経験しているのが理想的です。

このように2年では，先を見据えて段階的にリーダーを育てていく必要があります。そのために，年度当初の段階で話し合いをもち，学年団で右ページ上のような「リーダー育成ビジョン」を共有しておくことをおすすめします。リーダーは"育つ"ものではなく，"育てる"ものです。

2 担任の学級経営方針を生徒にプレゼンする

2年がスタートしてすぐのころは，生徒の中に1年生として過ごした1年間のイメージが少なからず残っています。中には，1年生で経験してきたことにとらわれすぎてしまい，新しい学級での生活に違和感を覚える生徒もいます。"中1ギャップ"ならぬ，"中2ギャップ"とも言える状況です。

このような状況を踏まえて，担任の学級経営方針を生徒に向かってプレゼンする機会を設けることをおすすめします。右ページ下の写真のように，方針を大型テレビに映しながら説明するなどの演出を行えば，プレゼンとしての雰囲気も十分です。

学級経営においても，担任が明確なビジョンをもち，それを積極的に生徒に示すことが重要です。

リーダー育成ビジョンの例

リーダー育成ビジョン

* リーダーに，学級全体を見ようとする意識を育てる。そのためには，各学級担任が学級の問題についてリーダーに尋ねることを意図的に行う。
* 問題点を上げることができたリーダーは大いに称賛し，その解決策を考えさせる。
* 学年リーダー会を定期的に開催する。学級担任は自分の学級のリーダーの様子を見守る。
* 他学級のリーダーをほめることを躊躇しない。学年全体でリーダーを育てようとする意識を忘れない。

担任の学級経営方針を生徒にプレゼン

4 健康診断・身体測定

トークのネタ 健康診断・身体測定の前に

1 話し始める前に

　2年生ともなると，身体測定を嫌がる生徒が多くなってきます。心身が成長してくるにつれて，何事も他人と比較するようになるものです。身長が伸びないことや体重が増えてくることに悩む生徒は少なくありません。

　ひょっとして家庭では，「自分の身長が伸びないのはお父さんのせいだ！」などと八つ当たりをしている男子生徒がいるかもしれません。「太るから朝食は摂らない」と親を心配させている女子生徒がいる可能性もあります。

　担任は，このような，この時期特有の生徒の心情を踏まえて，健康診断・身体測定の意義をしっかりと伝えることが大切です。

　逆に，健康診断や身体測定時の動き方などについては生徒もよく知っているので，あまりくどくならないように説明しましょう。

2 話の献立

- 健康診断・身体測定を実施する理由（意義を伝える）
- 健康診断・身体測定で気にしなければならないこと（他人と比較するのではなく，昨年の自分と比較することが大切であることを伝える）
- 測定項目や診断・測定の日程（見通しをもたせる）
- 授業中に測定の連絡が入ったらどのように動くか，教室に戻ってきたらどう過ごすか（時間を有効に使うことを指導する）

トーク 健康診断・身体測定の前に

　今日をスタートの日として，何日かに分けて，健康診断や身体測定を行います。内容については１年生のときに経験済みですから，よくわかっていると思いますが，参考までに診断内容と測定項目を黒板に書きます。

　書きながら補足説明をしていくとよいでしょう。学校医の名前を紹介しておくのも大切です。ただ「お医者さんにはあいさつをしなさい」と指示するのと，「眼科検診は○○医院の○○先生です。小さな声でよいので『お願いします』『ありがとうございました』と言いましょう」と指示するのでは，伝わり方がかなり違います。

　さて，特に大切な話をします。人にはそれぞれ個性がありますよね。体の成長も，当然ですが，人それぞれです。実は，先生は高校生のときにグッと背が伸びました。中学生のときはいつも，列の前から２，３番目のところにいたのです。そのころは背がどんどん伸びていく友だちがうらやましい気持ちにもなりました。でも，私の担任の先生も今の私と同じように，中学３年の終わりから高校生にかけて，背が急に伸びたと言われたのです。もっとも，今となっては背の高さなんて何にも関係ないや，と思っています。顔だって，みんな違うでしょ？　何もかも自分なのです。それでいいんです。

　「背の高さなんて何にも関係ない。顔だって違うからいい」と笑いながら担任が言いきりましょう。こういうことはカラッと言いきってしまうに限ります。

　一番大切なのは，昨年の自分とどう違うかを知ることです。例えば，視力がかなり低下したことが視力検査でわかった人には，後日，お医者さんに行ってくださいという用紙が渡されます。なんとなく最近，黒板の字が見にくくなったと思っていたことが，数値ではっきり示されるということです。身長の伸びも思っている以上にあるものですよ。

　健康診断や身体測定は，自らの成長や変化に気付くことができる機会であることを伝えましょう。そうすることで，昨年度のデータと比較してみようという生徒が多く出てくるはずです。

4 健康診断・身体測定

作業を通して自分の体の成長に気付こう

1 BMI指数を計算させる

　この時期には，自分の身長や体重，体型などを気にする生徒が多くなり，それにかかわって間違った知識やうわさが生徒の間に流布していることが少なくありません。

　そのような誤った情報を払拭するのに，健康診断・身体測定はとてもよい機会です。例えば，身長・体重の測定結果を基に，生徒自身に計算でBMI指数を出させるのはおすすめです。身体測定のカードやプリントに，BMI指数の計算方法と判定基準を載せておくようにします。これを行うことで，自分自身の適正な体重を知ることができます。

2 プライバシーに留意して

　身体測定の際に気を付けなければならないのが，生徒のプライバシーにかかわる指導です。

　この時期の生徒は，自分の体の成長を友だちと比較して悩んだりしがちです。プリントに記入するときに他の人の記録をのぞいたりしないことはもちろん，からかいやいじめの原因になるので，お互いに同意のうえでも記録を見せ合ったりはしないように指導します。

　担任自身も注意が必要です。例えば，プリントを回収する際には，それぞれの生徒が直接教師に提出するようにした方がよいでしょう。後ろの生徒が集めていったり，列の後ろから前に回したりするような方法は避けなければなりません。

4 健康診断・身体測定

身体測定の結果を記入するためのカード

身体測定の結果

記入日 2014年（　）月（　）日

氏名 ＿＿＿＿＿＿＿

昨年の健康診断の結果

身長(cm)	体重(kg)	視力	
		右	左

今年の健康診断の結果

身長(cm)	体重(kg)	視力	
		右	左

中学生の身長・体重の全国平均値（平成25年度）

	身長		体重	
	男子	女子	男子	女子
中1	152.3cm	151.8cm	43.9kg	43.7kg
中2	159.5cm	154.8cm	48.8kg	47.1kg
中3	165.0cm	156.5cm	54.0kg	49.9kg

健康診断の結果をふり返って…

ぼく（わたし）は、毎日健康で元気に過ごすために、

BMI指数を生徒に計算させるためのプリント

BMI指数と標準体重を計算してみましょう。

BMIは「Body Mass Index（肥満指数）」の略で、肥満や低体重（やせ）の判定に用いられます。BMIの値が25以上になると、生活習慣病にかかりやすくなるといわれています。また、BMI指数が22前後だと、病気にかかりにくいといわれています。BMIは値が低ければよいというわけではありません。3食しっかりと食事をし、不必要なダイエットはやめ、適切な体重を保つことが大切です。

体重(kg)　　身長(m)　　身長(m)　　BMI指数

（　　　）÷（　　　）÷（　　　）＝ ＿＿＿＿＿

＊数値の見方

18.5未満	18.5以上 25未満	25以上
やせ型	普通	肥満

引用：「健康診断のアイディア・ファイル」2014年2月25日発行　第65巻第3号　健康教室©増刊号

2章　中学2年の学級づくり　365日の仕事術＆アイデア

5 学び方

トークのネタ 授業開きの時間に

1 話し始める前に

　教師が「授業のプロ」というのであれば，生徒は「授業を受けるプロ」。これは，授業を安易に考えることへの戒めの言葉です。必ずしもこの言葉自体を生徒に紹介する必要はありませんが，生徒を真の「授業を受けるプロ」にしたいものです。

　「授業を受けるプロ」という言葉から，どのような生徒の様子を思い浮かべるでしょうか。話を真剣に聞いている様子，指示に従ってテキパキ動く様子，積極的に発言する様子など，様々な場面を思い浮かべることでしょう。そして，この時期の生徒に特に力を入れて指導したいのが，的確なノートのとり方です。何が大切で，ノートに何を書いておくことが後で役立つのかを判断する力は，２年生であればついていて然るべきです。しかし多くの生徒は，板書を写すことがノートをとることだと勘違いしています。何のためにノートをとるのかを生徒に考えさせてみましょう。

2 話の献立

- 「授業を受けるプロ」への道（ただ単に授業を受けているのではもったいない。時間を有効に使うことがプロに近づくことだ，と伝える）
- 効果的なノートのとり方（何を残しておくと後で役立つかを考えながらノートをとる必要性を伝える）

トーク 授業開きの時間に

「君たちは授業を受けるプロだ」と板書してから,次のように話します。

> さて,この言葉が意味することは,どのようなことだと思いますか？ 少し時間をあげますので考えてみてください。

「今日は授業の話をします」などと話し始めると,「怒られるのかな」とマイナスにとらえる生徒もいるので,上記のように板書し,「今日の先生はどうしたんだろう…」と思わせ,生徒の注意を引いてから質問をするとよいでしょう。

> なるほど。授業を真剣に受けること。授業中に発言すること。宿題を忘れないこと。いろいろ出ましたね。

どのようなことが出ても,まずは受容しましょう。そして,次のようにゆさぶりをかけます。

> 「プロ」と称する以上は,「さすがプロだ」と言われたいですよね。「手のあげ方がプロだ」とか,「宿題を忘れないからプロだ」とか…。

なんとなく納得していた生徒たちも,「『プロ』っていったいなんだろう…」と改めて考え始めます。

> 2年生である皆さんに,授業を受けるプロとして先生が特に意識してほしいのが,ノートのとり方です。君たちは先生が黒板に書くと,それをそのまま写すことを「ノートをとる」ことだと思っていませんか？ ノートはだれのためにとるのでしょうか？ 自分のためですよね？ 後で役に立つように書いておかなければノートをとる意味はありません。

中学校では,こうした学び方の基本について指導されていないことが多いので,はじめて聞く生徒が多いと思います。

> 授業を聞きながら,ここが大事だと思えば,大きく書いておいたり,印をつけておいたりすればよいのです。友だちの発言でわかったことがあったら,それもメモしておいた方がよいでしょう。後で役立つノートをとれる人が,授業を受けるプロなのです。

5 学び方

授業中の望ましい態度について考えよう！

1 授業中の望ましい態度を写真で提示

　授業中の望ましい態度について，学級担任としての考えを生徒に伝えているでしょうか。あまりにも当たり前のことなので，伝えられていない場合が少なくありません。教師が考えている望ましい態度と生徒が考えている望ましい態度にずれがあると，授業中に教師が注意しても，生徒になかなか伝わりません。

　ただ，小学校や中学入学当初のときのように，細々したことを逐一教えるのも，生徒の自主性を育てるという観点から考えると好ましくありません。そこで，授業中の一場面をとらえた写真を提示して，望ましい態度について生徒自身に考えさせてはどうでしょうか。右ページ上は，「先生の話を真剣に聞く」という態度について伝える写真です。

2 授業中の態度の自己評価票

　学期に一度程度は，授業中の望ましい態度について自己評価をさせるとよいでしょう。多くの項目をつくる必要はありませんが，授業準備，授業中，授業後の3つに分け，簡単に自己評価ができるようなプリントを用意しておきます。自己評価ですから，2学期以降も，前学期までの自己評価を見ながら評価できるように作成しておくことがポイントです。回収して担任が確認する必要はありますが，重要なのは，生徒自身が自らの学習態度を振り返ることです。

授業中の望ましい態度について考えるための写真

5 学び方

授業中の態度の自己評価票の例

（氏名　　　　　　　　　　）

項目	第1回	第2回	第3回
授業に必要なものを忘れることがないか			
先生，友だちの話をよく聞いているか			
話し合いに積極的に参加しているか			
家庭で授業の復習をしているか			

「◎・○・△・×」で自己評価しましょう

6 給食

トークのネタ はじめての給食の前に

1 話し始める前に

　小学校から給食を経験している生徒にとっては，8年目の給食ということになります。そうなると，取り立てて話すことはないように考えがちですが，はじめての給食前には，改めて配膳や片づけの仕方について話をしておくべきです。

　給食の乱れは，学級の乱れを引き起こします。「中学2年生なのだから，こんなことを確認する必要はないだろう」という担任の思い込みが，生徒の勝手な判断や食べ物を粗末にするような態度を招いてしまうのです。一度そのような状態に陥ると，正常モードに戻すには大きなエネルギーを必要とします。

2 話の献立

- 給食配膳の方法と当番の動き方（学校全体のルールをしっかりと確認する）
- 担任としての給食の考え方（給食時のルールや食べ残しについての考え方を押さえる）
- 1食の給食にかかる費用（材料費の他に多くの費用が使われていることを伝える）
- 給食ができるまで（給食にかかわっている多くの人のことを伝える）

トーク　はじめての給食の前に

　明日から今年度の給食が始まります。君たちにとっては，給食はもう慣れたものですね。小学校から数えると，給食を食べ始めて8年目になります。先生は，そこにちょっとした怖さを感じているのです。君たちは配膳することも片づけることもベテランなのですが，ベテランだからこそ，当たり前のことをつい忘れてしまうのではないかと思うのです。

　このように，少し厳しい感じのトーンで話し始めるとよいでしょう。生徒は給食に対して目新しさを感じていません。だからこそ，ちょっとした演出がいるのです。

　給食の配膳の"当たり前"とは何だと思いますか？

　質問を入れることによって生徒に考えさせます。

　そうです。衛生面に気を付けて行うということです。レストランに入ったときのことを思い出してください。料理を運んできた人の服装が乱れていたら，どんな気持ちになるでしょうか？　それだけでクレームをつける人はいるでしょう。給食の配膳も，エプロンをつけるのは当たり前のことですが，その当たり前のことをしっかりやる，ということを，今年度の給食が始まる前に学級全員と約束しておきたいのです。

　担任自身も，できるだけ早く配膳することばかりに注意を向けてしまいがちです。しかし，こういった基本的なことをおざなりにしないようにしたいものです。

　レストランの話を続けます。運んできたウェイターのツメを見たら，汚れがついていました。あなたはどのような気持ちになりますか？　もうわかりますね。早く配膳し終えるのは大切なことなのですが，それ以前に，やるべきことがきちんとできていないといけないということです。

　一度乱れてしまってから立て直すのは大変です。給食が始まる前だからこそ，こうした当たり前のことをしっかり押さえておきましょう。「担任はこうした細かなことにも目を向けているよ」と知らせるのは，とても大切なことです。

6 給食

担任も参加して
おかわりジャンケン！

1 給食のおかわり

　給食を一定量全員に配膳した後に，おかわりを認めている学級は多いでしょう。体格によりおかわりすることが望ましい生徒には，あらかじめ必要なエネルギーなどについても指導しておくとよいでしょう。これは，個に応じた食の指導として，とても大切なことです。

2 おかわりジャンケンは担任も参加して

　給食のおかわりの希望者が多いとき，ジャンケンを行います。そのジャンケンにときどき担任も参加すると，生徒は喜び，普段おかわりに消極的な生徒も参加しようとしたりします。
　もともと少食な生徒だけでなく，２年生ともなると，体型のことなどを気にして，食事量を控えようとする生徒も出てくるので，こういったしかけでしっかりと給食を摂るよう働きかけていきます。

3 担任相手に勝ち抜きジャンケン

　おかわりの希望者が多い場合は，担任相手の勝ち抜き戦としてもよいでしょう。前に出て来るのと違い，自分の席で参加できるため，女子生徒が参加しやすくなります。
　授業では見られない生徒の一面に触れることができ，学級全体の絆を強くすることにもつながります。

6 給食

学級全員で目標に
チャレンジしよう！

1 背面黒板に給食の目標を表示

　「準備時間○分以内」など，給食にかかわる学級の目標を決め，その達成状況などを背面黒板に表示します。

　記入は，日直や給食当番の仕事の１つにすればよいでしょう。例えば，月曜日の朝一番にその週の目標を表示することで，学級全体でその目標を共有することが考えられます。

2 教師の言葉かけと記録の更新

　目標を達成できたときは，担任が称賛の言葉を学級全員に伝えることを忘れないようにしたいものです。「今日も25分間以内に準備することができました。先生もうれしいです！」。続いて，「それでは，記録を更新しましょう」と指示し，連続達成日数などを更新させます。

　担任による言葉かけと記録の更新作業によって，「明日もがんばろう」という士気が高まります。

3 振り返りを大切に

　一番大切なのが，目標を達成できなかったときの指導です。

　「今日は何が原因で目標達成ができなかったかな？　みんなで考えよう」

　「原因は初動の遅れだったんだね。明日は動き出しの１分に集中しよう」といったように，生徒とのやりとりを通して原因を明確にしていき，目標達成のための新たなスタートを切らせます。

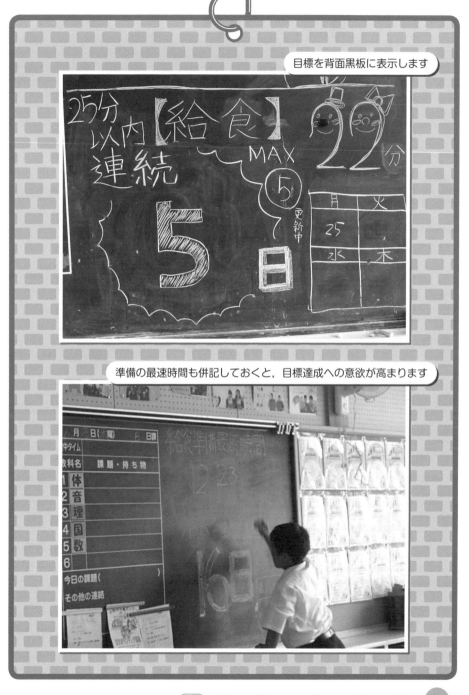

6 給食

片づけ完了までが給食の時間

1 「給食○か条」を掲示

　給食にかかわる約束事を，大きな文字で１枚にまとめ，教室の一番見やすい場所に「給食○か条」として掲示します。

　不適切な行動が見られた生徒には，この掲示物を指して自分自身で問題点を考えさせます。こういった場面でも，教師が手とり足とり指導するのではなく，自主・自律を促すことが大切です。

2 食器や食缶の片づけ方を掲示

　スムーズな食器や食缶の返却，きれいな片づけは，だれが見ても気持ちのよいものです。しかし，準備と比べて片づけは生徒も気が緩んでしまいがちで，新年度当初には片づけ方自体が間違っていることもあります。

　そこで，正しい片づけ方を撮影した写真が入った注意書きを掲示します。１回目の給食当番のときには，この注意書きを確認したうえで作業するように指導します。

　このように，生徒の目に見える形で指導すると，間違えることなく，きちんと片づけができるようになります。また，同じ注意書きを配膳室にも掲示しておけば，受け取る係も確認できます。定位置に収められた食缶は，残食の素早い把握にも効果的です。

　配膳，食事だけでなく，片づけの完了までが給食の時間であることを認識させ，日々，気持ちのよい給食の時間になるよう心がける気持ちを育てていきたいものです。

給食にかかわる約束事をまとめた「給食8か条」の掲示物

給食8か条

1　時間を守る。
　　10分以内着席を徹底する。
　　4時限終了後は放課ではない！
　　「ごちそうさま」までは、教室から出ない。
2　当番は、白衣、帽子、マスクを正しく着用し、健康な人がおこなう。
3　手洗いは、当番を優先する。
4　当番は、'もりつけ表'に従って配膳する。
5　当番は、ごはん、おかずなどを等分にすべて配る。

6　楽しく会食をする
7　好き嫌いをせず、感謝して食べる。
8　'ワゴンの返し方'を見て、正しく片づける。

・お玉、フライばさみ、しゃもじ等をまとめてお盆の上にのせる。（数がそろっているか確認）
・食器に残ったもの、汁、ゴミなどが残らないようにする。
・食缶に残ったものをいれる時は、食器を打ち付けない。（はしやスプーンを使う）※残ったものは、持ち帰らない
・ゴミは表に従って分別する。

片づけ方を写真で説明する掲示物

6 給食

7 最初の定期テスト

トークのネタ 最初の定期テストの前に

1 話し始める前に

　２年生になると，定期テストへの取り組み方が生徒によってかなり異なってきます。また，１年時の体験から，「テスト勉強をしても成績は上がらない」「テスト範囲が広すぎて勉強できない」など，勝手な思い込みをしている生徒もいるはずです。新学年のテストが始まる前に，全員の気持ちを前向きにし，学級全体で真摯にテストに向かう雰囲気をつくり出したいものです。

　単なる呼びかけでは，生徒の心は動きません。成績は固定的なものではない，努力をすれば必ず成績は上昇する，といったことを体験に基づいて話すとよいでしょう。なお，努力にも正しい努力と無駄な努力がある，といった話をしてもよいでしょう。試験勉強の時間だけはだれにも負けないほど費やしているけれど，その成果がなかなか表れないという生徒もいます。そういった生徒のために，正しい努力の仕方を教えるのも担任の役割です。

2 話の献立

- 年間の定期テストの日程（年間予定を知らせ，見通しをもたせる）
- 正しい努力と無駄な努力（努力の成果が表れる定期テストへの取り組み方法を教える）
- 学級全体で臨む定期テスト（学級全体で真摯にテストに向かっていく雰囲気をつくることが大切であるということを伝える）

トーク 最初の定期テストの前に

　さて，2年生になってはじめての定期テストです。1年生のときの成績がどうであろうと，2年生は2年生。だれもが新たな気持ちで定期テストに取り組んでほしいと思います。長年の担任経験から言うと，2年生になって1年生とは大きく成績が変わってしまう人を何人も知っているからです。大きく上昇した人もいれば，反対に下降してしまった人もいます。

　このように，2年では1年のときの成績から大きく変化する可能性があることを伝えます。

　大きく上昇した人の多くは，繰り返しの成果が出たのです。ある生徒は，1年生のときには，テスト勉強といってもテスト前日までにようやくテスト範囲を1回やる程度でした。芸術教科においては，当日の朝に教科書を見るということもありました。これではテストでよい点はとれません。そこで，テスト前日までに3回り勉強することを徹底しました。勉強の方法自体は変えていません。君たちの頭脳は若いので，同じことを3回も勉強すれば，成果が出るのです。

　過去の経験から具体例を示します。教師の指示よりも，こういった過去の生徒の具体例が生徒にとって一番よい刺激になります。

　「信じる者は救われる」と言いますが，みなさんもこの先輩にならって，3回やってみたらどうでしょうか？「いつもの3倍も勉強することなんてできない」と思った人もいるかもしれませんが，それは違います。1回目より2回目の方が効率的に勉強できます。2回目より3回目はもっと短時間で終えることができます。

　前向きでない生徒は，3倍と聞いただけで「そんなに長くやれない」と考えがちなので，負担が3倍になるというイメージを払拭します。

　テスト勉強にかかわって大事なことをもう1つ。物事には，正しい努力，無駄な努力の2つがあります。
　これから，正しい努力について話します…。

　これも過去の経験などに基づいて具体的な話をしていきます。

7 最初の定期テスト

2章 中学2年の学級づくり　365日の仕事術＆アイデア

7 最初の定期テスト

進路学習を通して
テストへの意欲を高めよう

1 早めの進路学習を

　自分の進路がよりはっきりしてくる３年生と違い，２年生は，学習することの大切さはわかっているものの，具体的な目標がなく，テスト勉強にもなんとなくやる気が出ない，という生徒が少なくありません。そのような生徒の意欲を高めるために，上級学校について調べる活動を行うなど，テストと並行して早めに進路学習を行うことをおすすめします。

2 中学校卒業後の進路を知ろう

　以下は，中学校卒業後の進路について調べさせる活動です。
　高等学校や高等専門学校など，進路ごとに説明が書かれた右ページ上のようなカードを小グループに配付し，それらの進路が，それぞれ右ページ下の図のどこに当てはまるのかを考えさせます。
　活動時間は15分程度です。答え合わせは，拡大印刷した図を黒板に貼って行います。
　こういった活動を通して，
　「多くの選択肢はあるものの，しっかり勉強して力を付けなければどの道にも進むことができない」
　「今から少しずつ卒業後の進路のことを考えながら学習に取り組んだ方がよい」
といった，日々の学習やテスト勉強の動機につながるような意識を高めていきます。

情報カード（四角で囲んである言葉が図のa～jに入る進路）

高等専門学校は大学と並ぶ高等教育機関です。5年間学び、その後4年制大学に編入することもできます。

専修学校・各種学校とは、就職したり資格を得るために役立つ知識や技術をより専門的に学ぶ学校です。（進路相談では専門学校と言う場合が多い）

高等学校は、普通科・工業・商業・情報・農林水産・家政・総合などの学科があります。また、全日制・定時制・通信制があります。

公共職業能力開発施設とは、ある職業に必要な知識や技術を身につけることを目的とした公共の教育機関です。

高等学校の定時制・通信制は、高等学校卒業と同じ資格ですが、昼間仕事をしながら夕方から夜にかけて授業を受けたり、自宅でインターネットなどを使って学習するシステムです。

事業所内の訓練施設は会社や事業所に就職し、給料をもらいながらその仕事に必要な知識や技術を得ることを目的とした教育施設です。

高等学校卒業程度認定試験とは高等学校へは行かず、高等学校卒業程度の学力があるか検定を受ける試験です。これで認定されれば高校を卒業していなくても大学を受験できます。

短期大学とは、2年間で専門的な分野についての教育を行う機関です。

4年制大学とは、4年間で専門的な分野について、基礎的な内容からより高度な研究・開発までを行う教育・研究機関です。卒業後は大学院に進むこともできます。

専門学校（専修学校の専門課程）とは、高校卒業後に、より専門的な資格を得るために学ぶ学校です。

中学校卒業後の進路についての図（生徒に配るワークシートでa～jは空欄）

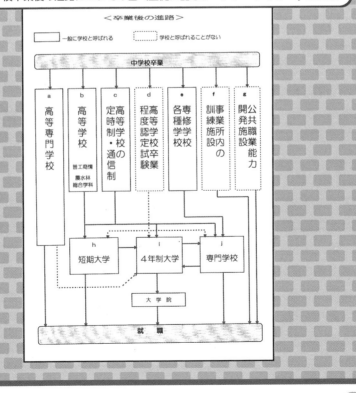

8 部活動

トークのネタ 部活動が本格始動する前に

1 話し始める前に

　部活動に所属して1年が経ち，活動に対する生徒の想いやスタンスは様々です。他学年の生徒と同じ集団で過ごすことにストレスを感じている生徒もいれば，友だちとの技術の差が顕著になり，レギュラーにはなれそうにないことで意欲と自信を失っている生徒もいます。

　こうした生徒がいることを踏まえ，2年の早い段階で部活動に関する話を担任からもしておきましょう。なかなか難しいものですが，先輩になることを自覚させると，新たな展望をもつ生徒もいます。2年の後半には，2年生が中心になって部活動を運営することになりますから，そのときの自らの役割を考えさせてもよいでしょう。話の内容は，1年時での部活動へのかかわり方を把握したうえで決めればよいでしょう。

2 話の献立

- 1年間取り組んだ部活動の成果（1年間で身に付けることができた技術，精神力は大いに価値があることを自覚させる）
- 2年の部活動（多くの部活動は，後半から2年生が主役になることを知らせる）
- 継続することの効果（地道に続けることではじめてわかることが多いということを知らせる）

トーク 部活動が本格始動する前に

　2年生になって，いろいろな場面で立場が変わってきましたね。部活動は5月ごろから新1年生が入部し，君たちは「先輩」と呼ばれるようになります。夏以降は，3年生が引退する部活動が多く，まさに君たちが部活動の主役となるわけです。

　上記のようなことは，教師にとっては当たり前のことかもしれませんが，生徒にとってもそうとは限りません。2年生とはいえ，1年間の大まかな見通しを年度当初に示すことは大変重要です。

　部活動に1年間取り組んできて，今どのような気持ちでしょうか？　先生は2年生になったこの機会に，心を新たにして部活動に取り組んでほしいと思うのです。運動部の人の中には，すでにレギュラーになり，試合で大活躍している人もいます。逆に人数が多く，なかなかそういった機会をつかむことができず苦しい思いをしている人もいます。

　このように，部活動に順調に取り組んでいる生徒だけでなく，部活動に苦しみながらついていっている生徒の姿も取り上げます。そうすることで，様々な心境や立場で部活動に取り組んでいる友だちの存在に気付かせることができます。

　ここで部活動の意義について，改めて考えてみましょう。部活動には3年生，2年生，1年生が所属しています。学級と違い，異なる学年の生徒が1つの部に属し，運営されているわけです。だからこそ，学級では味わうことができない部活動ならではの経験ができるのです。様々な立場となることで学ぶことは多くあります。また，同じことに同じ時間打ち込んでいても，人それぞれで進歩は違いますが，後になって振り返ってみると，だれもが大いに成長しているものです。君たちは，1年間基礎をしっかりやってきたのですから，2年生になれば自分でもびっくりするほどできることが増えてくるはずです。

　このように，部活動の意義について，「異学年同居集団で学ぶよさ」「継続は力なり」など，焦点を絞っていくつか話をするとよいでしょう。

8 部活動
先輩／後輩として するべきことを考えよう

1 先輩／後輩としてするべきこと

　2年生になると，部活動にも後輩の1年生が入部してきて「先輩」と呼ばれる立場になります。そこで，先輩として部活動でどのような姿を見せるべきなのかを考えさせてみることをおすすめします。手を抜かず練習に取り組む，準備や片づけに率先して取り組むといった重要な姿勢は，しっかり押さえたいものです。

　また，夏の大会までは3年生を支える「後輩」でもあります。3年生が100％練習に集中し，試合で全力を出しきるためには，どのようにして支えていけばよいのかも考えさせてみましょう。

2 1年生の教育係

　部活動の中では，2年生が1年生の教育係を任されるケースも少なくありません。1年生が部活動に適応できるように，2年生がいろいろとアドバイスすることになります。

　部活動ごとに教育係の具体的な仕事は異なるので，その内容まで踏み込んで担任が指導することはできませんが，どの部活動でも共通するような役割については指導しておきたいところです。

　例えば，担当した1年生が部活動に休みがちになったときの声のかけ方，悩みやわからないことについて相談を受けたときのアドバイスの仕方などは，はじめての経験ということを踏まえて基本的なことを丁寧に指導しておきましょう。

3年生を支える活動の例

3年生を支える活動

- 3年生が練習しやすいように，1年生に器具や道具を置く位置を指示する。
- 練習メニューを知っておいて，次の練習にスムーズに入れるように準備する。
- 3年生より素早く動く気持ちを忘れない。
- 3年生を尊敬していることを1年生に見せる。
- 3年生のよさを1年生に伝える。
- 1年生と一緒になって，しっかり声出しをする。

1年生の教育係は重要な仕事！

9 家庭学習

トークのネタ 家庭学習について

1 話し始める前に

　よく，「中学生の家庭学習の時間の目安は，『学年＋１時間』」と言われます。２年生であれば，２＋１時間，すなわち３時間程度は必要ということになります。

　中学２年生と言えば，物事を論理的に考えられるようになる時期です。そこで，家庭学習の意義についても，筋道立てて説明しておきたいものです。例えば，「わかる」と「できる」の違いを示してみてはどうでしょうか。クロールの理想的な手の動かし方をわかっていても，すぐにそれができるわけではありません。クロールがちゃんとできるようになるためには，それなりに時間をかけて練習する必要があります。このように，「わかること＝できること」ではないということを，生徒にもわかりやすい例に基づいて伝えるとよいでしょう。

2 話の献立

- １年時の家庭学習の振り返り（特に，学習時間を意識的に確保しているかどうかを見直しさせる）
- 「わかる」と「できる」の違い（わかっていても，できるようになるまでに時間がかかることを理解させる）
- 望ましい家庭学習の時間（「学年＋１時間」）

トーク 家庭学習について

プロ野球選手のイチローの写真を黒板に提示します。

> さて，この写真の人はだれか知っていますよね？　そう，プロ野球選手のイチローです。イチローは「努力の人」と言われていますが，イチロー本人もこのようなことを言っています。「当たり前のこと（練習）を地道に続けることが，特別なところへ行くためのただ1つの方法です」と。

> 家庭学習の意義は，学校で学んだこと（わかったこと）を家庭で復習し，習熟（できるように）することにあります。そして，それを続ける努力が何より重要です。そのことを，たゆまぬ努力を続けているイチローを例に話します。

> こんな話をしたのは，2年生になったこの機会に，これまでの家庭学習を振り返ってもらいたいからです。家庭学習は学校でわかったことをできるようにするためにあるということをいま一度確認しておきたいのです。

このように家庭学習の意義をズバリ言いきります。黒板に「わかる」と「できる」という言葉を書いて，印象付けてもよいでしょう。

> 「わかる」「できる」と書きましたが，わかったことをできるようにするとはどういうことでしょうか？

一方的に話すことをせず，このように生徒に質問をするとよいでしょう。わかることとできることの違いであれば，経験を交えて話すことができる生徒がいることでしょう。

> そうですね。本当は学校でできるようになるまで練習する時間があればよいのですが，十分にないことは知っていますね。だからこそ，家庭学習は大切なのです。人によってできるようになるのにかかる時間は違いますし，得意教科とそうではない教科によっても異なります。
> 家庭学習の時間ですが，先生が中学生のころは「学年＋1時間」が望ましいと言われました。つまり中学2年生であれば3時間です。「とてもそのような時間はとれない」という人がいるかもしれませんが，わかったことができるようになるには，これぐらいの時間がだれにも必要なのです。

9 家庭学習

家庭学習に持続的に取り組ませるためのアイデア

1 短く振り返ろう

　多くの生徒は，２年生になると，１年時のテスト結果などから，自分が相対的にみてどれぐらいの学力なのかがわかってきます。しかし，どれだけ学習が苦手な生徒も，学年や学期の節目には，新しい気持ちでがんばろうと奮起するものです。

　そんな生徒のやる気を持続させる手段の１つとして，家庭学習プリントの最後に，短い文章で学習の振り返りや生活記録を書く小欄を設けてはどうでしょうか。分量が少なくても，目的がはっきりしていなければだんだん書くことが面倒になってくるので，新年度当初に「学習の振り返りをする」「文章を書く力を伸ばす」「先生とコミュニケーションする」など，書く目的をはっきり定め，生徒にそれをしっかり説明しておくことが大切です。

2 すばらしいノートの紹介

　生徒が提出した宿題ノートは，できる限りその日のうちにチェックします。そして，特にていねいに取り組んでいることがわかるノートや，書き方に工夫が見られるノートをコピーしておきます。それを，その日の帰りの短学活で配り「このノートは中身がとても充実していました。このような取り組みを継続することで，確かな学力が身に付きます」と称賛しながら紹介します。家庭学習を早くに投げ出してしまう生徒の中には，やり方がわからない生徒も少なくないので，そういった生徒にとってよい手本になります。またコピーは，配るだけでなく，教室に掲示しておくことをおすすめします。

「今日の日記」欄を設けた家庭学習プリント

(10)	(11)	(12)
(13)	☆(14)	

3. 次の値を求めなさい。
　(1) 1個80円のりんごを a 個買ったときの代金
　(2) 時速 x km で y km の道のりを歩いたときにかかる時間
　(3) 1辺が a cm の立方体の体積

(1)	(2)	(3)

☆今日の日記　～3行以上書いて，文章力をつけよう！～

模範的なノートをコピーして教室に掲示します

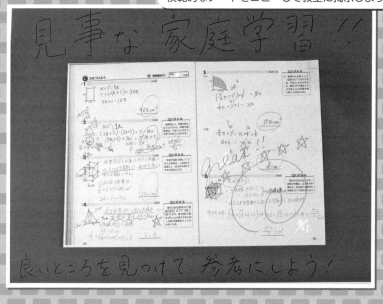

10 校外学習

トークのネタ 校外学習の前に

1 話し始める前に

　2年では，3年の修学旅行の班行動のリハーサルも兼ね，班ごとに目的地を決めて学習をしてくる「班別校外学習」を行う学校が多いようです。

　この学習を通して，学習のねらいを決める，ねらいに合致した訪問先を探す，訪問先までのルートを決める，必要な費用（交通費，入館料など）を算出する，訪問時の記録をとる，学習のまとめをつくるなど，通常の授業ではとても経験できない多くのことを学ばせることができます。

　担任にとって特に重要なのが，学習の意義をしっかり伝える（何を学びにいくのかをはっきりさせておくよう伝える）こと，班行動の際の留意事項を徹底させること，の2点です。

　また緊急時の対応についても入念に指導しておく必要があります。中学2年生といってもまだ子どもです。大変なことが発生した場合，立ち往生してしまうおそれがあります。

2 話の献立

- **校外学習を行う意義**（何を学びにいくのかをはっきりさせておくよう伝える）
- **緊急事態が発生した場合の対応**（何らかの方法で学校に知らせることや班員で知恵を出し合い考えることを伝える）

トーク　校外学習の前に

　本校の2年生は，班別校外学習をすることになっています。この学習は，班ごとに目的地を決めて，そこへの行き方や必要な料金なども自分たちで調べて実施するものです。教室では学ぶことができないことを，この校外学習で学ぶのです。

　このように，まずは班別校外学習の概要を知らせます。

　この学習が取り入れられた理由はたくさんありますが，1つは修学旅行に関係しています。修学旅行の2日目は，終日班で行動してもらいます。朝食後，ホテルを班で出発して，班で決めたいくつかの目的地を訪問，夕食も班で食べて，夜ホテルに戻ってくるという日程が組まれています。まったく知らない地を班で動くわけです。訪問する地域は違いますが，そのためのリハーサルを兼ねているのです。

　このように，校外学習が修学旅行を想定していることを生徒にも伝えておきます。

　校外学習では，いろいろなことを調べたり，決めたりしてもらいます。まず，何を学びにいくかをはっきりさせる，つまりねらいを決める必要があります。ねらいを決めれば，訪問先も決まってきます。例えば，「防災の実際を知る」というねらいであれば，そのことが詳しくわかる訪問先を探さなくてはいけません。もちろん，訪問の許可を得るのも君たちです。そこまでの交通手段も君たちが検索し，決めます。学校を出る時間も君たちに任せます。訪問するところが班ごとに違うので，学校を出る時間を一律に決めてしまうことはできません。

　このように具体的に話をしていくと，生徒も校外学習の大変さに気が付いてきます。

　もちろん先生もアドバイスはしますが，ねらいがはっきりしないと次に進むことができません。また，訪問先についてもめる班が毎年必ずありますが，そういったことも含めて，先生はよい勉強の機会だと思っているということも伝えておきます。

10 校外学習
仕事を分担するよさを実感させる手だて

1 校外学習の流れを周知する

　小学校も含め，生徒が班別で校外学習をする経験は多くありません。そのため，右ページ上のように，校外学習前後の流れをわかりやすくまとめた掲示物を用意しておき，一定の期間教室内に掲示しておくとよいでしょう。

2 仕事分担をするよさを実感させる

　学習のねらいを決めたら，「訪問先の選定」「訪問先までのルートや費用」「訪問順」「1日のスケジュール」など，次から次へとやらなければならないことが出てきます。また，当日の動きについても，記録写真をだれがとるか，訪問記録をだれがつけるか，といったことまで割り振っておく必要があります。

　こういったことは，ともすると責任感の強い班長が一人でやってしまいがちです。しかし，それでは班員の学びの場を奪ってしまうことになります。担任はこのことによく留意して，班の様子を観察します。

　もちろん，すべてを班員全員で進めていくととても時間がかかってしまいます。そこで，最初に仕事の分担を決めるように指示し，右ページ下のようにわかりやすくまとめて提出させます。担当者だけでなく，他の生徒と連携をとらなければいけない場面も出てきますが，各自の責任事項を決めると，それぞれが校外学習へのかかわりを事前にもつことになります。かなりの意識の高まりが期待できます。

> 校外学習の流れを示した掲示物

班別校外学習の流れ

❶校外学習の班を決める。
❷班で学習のねらいを決める。
　☑担任のチェックを受けましょう。
❸ねらいに合わせた訪問先を5か所ほど決める。
❹訪問先に連絡し訪問可能かどうかを確かめる。
❺交通手段や時刻表をもとに訪問順を決め，1日のスケジュールを組む。
　☑担任のチェックを受けましょう。
❻班の訪問先一覧表を作成する。
❼班別校外学習当日／学校から班ごとに出発
　☑チェック地点で担当の先生の確認を受けましょう。
❽班別校外学習当日／学校に戻る。
　☑チェック表を提出しましょう。
❾班別校外学習のまとめを作成（A4判2枚）

> 分担をまとめた一覧表を提出させます

担当	氏名	仕事内容
班長		班員をまとめて計画を実行する
訪問先		訪問先について一番詳しくなる
交通		交通手段について一番詳しくなる
時計		計画通り進めるためのタイマー
記録		写真撮影・訪問先メモなどの記録
連絡		チェック地点での定時連絡及び緊急連絡

11 1学期の振り返り

トークのネタ 1学期の振り返りの場面で

1 話し始める前に

　1学期の終わりごろになると，順調に成長している生徒がいる一方，歩みを止めてしまう生徒，それどころか自らの価値を下げてしまっている生徒もいます。特別な事情を抱える生徒には個別にじっくり向き合うしかありませんが，学級の中には様々な生徒がいることを忘れてはいけません。

　1学期を振り返らせるときは，その観点が重要になります。例えば，「学校生活と家庭生活」「授業と家庭学習」「平日の過ごし方と休日の過ごし方」など，学校と家庭の生活を対比して振り返らせてみるとよいでしょう。

　また，できなかった，やれなかったことばかりをあげさせるのではなく，自分なりにがんばれたこと，できたことなど，プラス面を自ら意識させることも重要です。担任は「振り返り＝できなかったことを反省すること」という図式で考えてしまいがちです。

2 話の献立

- 1学期の主な出来事の振り返り（1学期の行事や出来事をいくつか示して，振り返りのきっかけを与える）
- 振り返るための観点提示（学校生活のみならず家庭生活も振り返りの対象とする）
- できたことを積み重ねるよさ（プラス思考をさせる）

トーク 1学期の振り返りの場面で

黒板に1学期の行事や出来事を簡単に書いておきます。

> 早いもので，2年の1学期がもう終わりに近づいてきました。1年の1学期とはかなり違っていたという印象をもっている人が多いことでしょう。黒板に4月から7月の間の行事や出来事を書きました。1分ほど時間をあげますので，これを見ながら，この1学期を思い出してください。

わずかな時間でよいので，心静かに各自で1学期を振り返る時間を確保しましょう。

> さて，この機会に1学期を振り返ってほしいと思います。頭の中を整理するために振り返りの観点を示しますね。「学校生活と家庭生活」「授業と家庭学習」「平日の過ごし方と休日の過ごし方」です。学校のことと家庭のことがセットになっていますが，よくできたと思うものそれぞれに〇をつけてください。

ここでは，×をつけることはさせません。そうすると，多くの生徒が両方に×をつけるからです。できたことより，できなかったことばかりに気持ちが集中してしまうことを避けます。

> 遠慮なく〇をつけたらいいですよ。自己評価でよいのです。厳しく振り返ると，だれもが〇はつけにくいものです。先生が大切にしてほしいのは，できなかったことより，できたことに注目するということです。できたことを積み重ねることが大切なのです。

机間指導をしながら，〇がつけられている様子をざっとでよいので観察しておきます。

> 〇をつけた観点のうち1つでよいので，〇をつけた理由を書いてみてください。

このように指示をするのは，プラス思考をさせるためです。生徒は理由を書いているうちに，他にもできたことがあったと思い出すことがあります。できたことを自ら認めることができる自己肯定感をすべての生徒にはぐくみたいものです。

11 1学期の振り返り

2章 中学2年の学級づくり 365日の仕事術&アイデア

11 1学期の振り返り

盛り上がる反省会⁉

1 「この学級は〇〇が最高」

　1学期の学級生活を振り返る学級会でできるちょっとした活動です。単なる反省会とは違い，盛り上がりながら楽しむことができます。
　ルールは至ってシンプルです。まず，5，6人で1グループになり，ジャンケンをします。そして，一番負けた人が，大きな声で，
「この学級は〇〇が最高」
と言います。
　はじめに教師とこうした活動を盛り上げられる生徒たちで見本を示すとよいでしょう。空気を温めておけば，他の生徒たちの照れもなくなります。
　5回ほど行い，最後に学級全体でどのようなことが最高と表現されたかをまとめるとよいでしょう。

2 自分自身で気持ちを高めるために

　中学校生活も1年半が経過し，だれしも少なからずゆるみが出てきます。担任として，意欲を高める言葉を発して生徒を奮起させることもときには必要ですが，生徒自身が自分のゆるみに気付き，気持ちを高めることができるように仕向けたいものです。
　そのために，例えば右ページ下のような穴埋め式のプリントを用意して，当てはまる言葉を予想させてみます。言葉を考える活動を通して，気持ちが高まります。ただし，正解を出すことを目的とせず，考えることを大切にして取り組ませることが大切です。グループで考えさせてもよいでしょう。

5，6人で1グループになり，ジャンケン

ゆるみに気付き，気持ちを高めるための問い

心が変われば，（A）が変わる。

（A）が変われば，（B）が変わる。

（B）が変われば，習慣が変わる。

習慣が変われば，（C）が変わる。

（C）が変われば，運命が変わる。

運命が変われば，人生が変わる。

※A＝態度，B＝行動，C＝人格

1学期の通知表

❶ 1学期の通知表作成のポイント

　2年の1学期の通知表所見は，新たな担任から届けられる，はじめての"正式な"メッセージです。たとえ1年時と同じ担任であっても，生徒や保護者は楽しみにしているものです。まずは，本人のよさをしっかり記述することを心がけましょう。そのうえで新たな目標を提示すると，よりしっかりと担任のメッセージが伝わることでしょう。

❷ 1学期の通知表所見の文例

❶学級の一員としての意識をしっかりもっていた生徒

　明るく，素直に話を聞くことができます。副班長として班長をしっかり支えることもできました。漢字テスト全員合格を目指して，休み時間に級友に寄り添って勉強するなど，学級の仲間を思いやることができました。

　本人の素質から感じるよさを明記したうえで，そのことがよくわかるように具体例を示すことが大切です。例えば，ただ「思いやりがあります」と書くだけでなく，そのことがよくわかる具体的エピソードを紹介します。

❷基本的な生活習慣を確立できている生徒

　いつも明るいあいさつができ，笑顔が絶えず，多くの友人がいます。数学係として，授業の始めと終わりのあいさつやプリントの配付，持ち物の連絡をきちんと行うなど，何事にも強い責任感をもって行動できます。

　あいさつ，返事，清掃などを進んで行う生徒は所見が書きやすいものです。ただし，通知表の他の項目（生活の記録）と一致していることが大切です。所見と評価欄（○，△）が異なっていては，通知表の信頼が薄れます。

❸学習面でがんばりがみられた生徒

　毎日ノート２ページの課題や教科の問題集にも手を抜くことなく取り組むことができました。その成果ははっきりと成績にも表れています。粘り強くこつこつと積み上げていくことのよさを実感できたことと思います。

　１年時と成績を比較して上がったことをほめることは大切です。ただし，その要因となることを示すことを忘れてはいけません。保護者が子どもをほめやすいようにわかりやすく表現しましょう。

❹授業への集中力が欠けていた生徒

　発想が豊かで，柔軟な考え方ができ，授業の中で様々な考えを発表してくれました。さらに，他人の意見にしっかり耳を傾けることができるようになると，もっと多くの力が身に付くはずです。

　努力すべき点を示す前に，まずは本人のよさを明示します。また，授業に集中してほしいことを伝えるのに，「他人の意見に耳を傾ける」という表現をしています。つまり，あるべき姿の具体例を示すことが大切です。

❺失敗を繰り返した生徒

　自分の誤った行動は素直に反省し，善悪の判断をしっかりつけながら行動できるようになってきました。きりっとした明るい返事からも，前向きさが感じられ，うれしく思っています。

　時には厳しい所見を書くことも必要ですが，担任としての温かみが感じられるものでなくてはいけません。その生徒の成長を心から望み，わずかな進歩でも大いに喜んでいることが伝わるようにしましょう。

12 夏休み

トークのネタ　夏休みの前に

1 話し始める前に

　中学校生活2回目の夏休みです。1年生のときと違い，生徒は中学校の夏休みの忙しさをある程度はわかっていることでしょう。しかし，課題や部活動に追われた昨年の夏休みのことをすっかり忘れてしまっている生徒も少なからずいます。

　そこで，夏休みの計画を早めに立てさせることをおすすめします。「夏休みの計画表をつくりましょう」といった程度の話では生徒には響かないので，見通しをもつ力，計画に従って実行していく力，計画からずれた場合に調整する力など，物事を計画的に進めることによって得られる力が社会に出てもとても重要なものであることを伝えるとよいでしょう。

　計画的にできない生徒が多いので，そんな話はあまり効き目がないと思っていてはいけません。最初から低い目標をすると，実際にはそれよりもさらに低い結果しか得られないものです。

2 話の献立

- 夏休みを迎える前の計画立案（見通しをもつ力など，社会に出てもとても重要な力を得られることを知らせる）
- 自分を一番知っているのは自分であることの自覚（自分に合った計画を立てることが大切であることを知らせる）

トーク 夏休みの前に

　中学生として2回目の夏休みがやってきます。こんなに長い休みがあるのは学生時代だけですから，大いに楽しんでほしいと思います。

　課題があっても，部活動があっても，夏休みは楽しみなものです。まずは生徒の夏休みに対する期待感を高めましょう。

　ところで，楽しむことは大切ですが，やるべきことをきっちりやるのも大切です。昨年の夏休みを思い出してください。課題が9月になっても出せなかった人はいませんか？　叱らないので，正直に手を挙げてください。

　単に「昨年度の課題への取り組みを振り返りましょう」と言ったところで，生徒は聞き流すだけです。質問を入れたり，手を挙げさせたりして，自然に振り返りができるように工夫することが大切です。

　昨年9月に入っても課題が残っていたという人が，今年の夏休みも同じようであっては残念です。そのためには，計画をしっかり立てることが大切です。ここに，ある先輩の夏休み計画表があります。

　実際の計画表を見せるとインパクトがあります。実物投影機等を活用して，しっかり練られている計画表を見せるとよいでしょう。教師が望む計画表を示すことが大切です。

　こんなに細かく計画は立てられないという人もいるでしょう。でも，努力はしてほしいのです。なぜならば，物事を計画的に進めることで得られる見通しをもつ力，計画に従って実行していく力，計画からずれた場合に調整する力などが，社会に出るととても重要視されるからです。夏休みはこうした力をつけるためのまたとない機会です。昨年よりグレードアップした夏休みを送るには，計画が必要です。定期的に計画の実行度を自分で評価することができると，充実した夏休みになりますよ。自分が考えた通りに物事が進むというのはとても気持ちのよいことです。気持ちのよい日々を自分でつくり出しましょう。

　このようにして，計画が実行できることのよさを生徒に気付かせたいものです。

12 夏休み

12 夏休み
"長いようで短い夏休み"を意識させるアイデア

1 インパクト大のコピー

　生徒は，休みに入る前は夏休みは非常に長いものだと思っており，終わってしまってからそうではなかったことに気付きます。そこで，夏休みを有意義に過ごすには時間に対する高い意識が不可欠であることを，インパクトのあるコピーにして生徒に示します。例えば，「『明日にしよう』と40回言うと，夏休みは終わります」というコピーは，休み前は長いものだと思っていても，実際にはそうではないということを手短にうまく表しています。夏休み前に教室に掲示したり，学校ホームページで紹介したりしてもよいでしょう。

2 残りは何時間？

　こちらは，具体的な数字で夏休みの短さを実感させるアイデアです。
　夏休みが40日あるとします。これを時間に換算すると960時間です。
　ここから，生活に必要な時間をあげて，生徒にひかせていきます。例えば，1日の睡眠時間を8時間，食事時間を1時間，風呂の時間を30分，さらに部活動の時間，友だちと遊ぶ時間，ゲームやネット，テレビの時間，家族内の仕事の時間を1日平均10時間，家族と出かける時間を計72時間とすると，
　$960 - 8 \times 40 - 1 \times 40 - 0.5 \times 40 - 10 \times 40 - 72 = 108$
と，残りはわずか108時間しかありません。1日平均で2.7時間です。これをすべて勉強の時間に当てても1日3時間弱しかないことに気付かせます。1日勉強しないと取り戻すのに翌日6時間近く必要であることも合わせて知らせるとよいでしょう。

インパクトの大きいコピーを学校ホームページで紹介しています

📝 忘れてはいけない言葉

> 「明日にしよう」と
>
> 40回言うと
>
> 夏休みは終わります。

夏休みに入り、1週間ほどが経ちました。

ネットで上の言葉を見つけました。

忘れてはいけない言葉ですね。

【校長室】2014-07-27 10:03 up! いいね！(8)

勉強に使えるのは何時間？

夏休みは40日間

40日＝24時間×40＝960時間

960時間－睡眠時間（8時間×40）＝640時間

640時間－食事時間（1時間×40）＝600時間

600時間－風呂時間（0.5時間×40）＝580時間

580時間－10時間×40（部活動の時間，友だちと遊ぶ時間，ゲームやネット，テレビの時間，家族内の仕事の時間）＝180時間

180時間－72時間（家族と出かける日など3日間）＝108時間

108時間÷40＝2.7時間←1日の勉強時間

12 夏休み
日ごろできないことにチャレンジしよう！

1 日ごろできないことにチャレンジ！

　夏休み中には日ごろは体験できないことにもチャレンジさせたいものです。3年生になると高校見学や2学期に行われる学校行事の準備，塾の夏期講習等で時間の確保が難しくなります。2年はまだ比較的時間に余裕のある生徒が多く，体の成長が著しい時期なので，体力を要する活動なども可能です。夏休み前に申し込む必要があるものが多いので，どんな夏休みにしたいのかを早めに検討させましょう。

　例えば，社会福祉体験は市町村の社会福祉協議会によって計画されるものです。日ごろは体験できない乳幼児や障害者，老人等の福祉施設での体験が可能です。学校によっては，地域のお祭りのボランティアを募集しているところもあります。

　夏休みは，生徒の活動を地域に広げ，地域の皆さんに生徒をよく知っていただくチャンスでもあります。

2 振り返りはスモールステップで

　上記のような活動に参加するためには，事前の計画が重要です。例えば，夏休みを3つのブロックに分け，計画を立てさせます。7月と8月上旬，お盆から出校日，出校日から最後までに区切り，区切りごとに振り返りの欄を設けます。せっかく活動に参加しても，振り返りの機会がなかったり，夏休みが終わって遠い記憶をたどりながら振り返るのでは効果的ではないので，スモールステップを意識します。

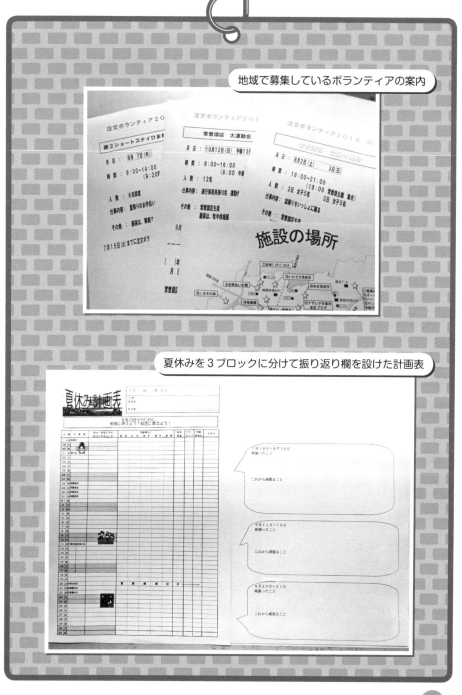

地域で募集しているボランティアの案内

夏休みを3ブロックに分けて振り返り欄を設けた計画表

12 夏休み

トークのネタ 夏休み中の出校日に

1 話し始める前に

　出校日には，いくつかの夏休み中の課題を指定して提出させ，点検をする学校が多いはずです。提出できない生徒には，個別指導をする（例えば，翌日にも出校させ課題に取り組ませる，など）学校もあるかもしれません。

　2年生ともなると計画通り要領よく進めている生徒もいるので，そういった生徒を全員の前で称賛します。教師からすれば，「課題はやってあって当然」かもしれませんが，そのような気持ちは心に秘めておきましょう。

　また，夏休みはだれもが開放的な気持ちになっています。出校日の機会に，生徒の気持ちを引き締めることは，担任としての大切な指導事項です。川や池などで命を落とすという事故は，毎年必ず耳にします。担任する生徒が亡くなるというのは，本当に悲しく，学級の生徒の心も深く傷つくものであるということを肝に銘じておきたいものです。

2 話の献立

- **課題を提出できたことの価値**（計画通り進められたことを学級全員の前で称賛する）
- **油断は禁物**（悲しい事故等を知らせ，生徒の気持ちを引き締める）
- **夏休みに入ってからの出来事**（例えば，市内大会の結果や広島・長崎への原爆投下など平和について考える話題を提供する）

トーク 夏休み中の出校日に

　さて，久しぶりの学校ですね。みんなの元気な顔を見ると，先生も元気が出ます。これはお世辞ではなく，教師というのはみんなそういうものなのですよ。

　こういったセリフは恥ずかしくてなかなか言えない先生もいるでしょう。しかし，夏休み中には中学生の海や川での事故のニュースをよく耳にします。もしそれがあなたが担任している生徒だったら，どんな気持ちになるでしょうか。生徒が元気に登校してくれるだけでも喜ぶべきことです。

　今日は課題の提出日です。すべてきっちりやってきた人もいれば，そうではない人もいると思います。きっちりやってきた人は立派です。昨晩遅くまで，ひょっとしたら今朝までがんばったという人もいるでしょう。約束を守ることができるというのは当たり前のことですが，その当たり前のことを当たり前にできるというのもやはり立派なことです。

　計画通りにきっちり課題をこなし，提出できた生徒を学級全員の前でしっかりと称賛します。

　一方で，今日約束の課題提出ができないというのは，とても残念なことです。何らかの事情があったからだと先生は思いたいです。課題をやったのに忘れてきた人もいるでしょう。課題そのものを忘れていた人もいるでしょう。いずれにしても残念なことです。人の評価は，時としてこうしたちょっとしたことで決まります。

　厳しい口調で課題忘れを叱責することも必要ですが，時にはこのように約束を守れないと信頼を失うことを淡々と伝えることも大切です。

　これから課題点検をしますが，提出ができない人は，自分でどうするのかを決めて話してください。

　「課題を忘れた者は明日持ってきなさい」という指示を出すことは簡単ですが，このように自らの過ちをどうするのかを考えさせることの方が効果的です。担任としては，まずは生徒を信じることにしましょう。

12 夏休み

出校日後の教師の仕事

1 提出物は迅速な処理を

　出校日の生徒の提出物は，早めに処理することです。例えば，書道作品は2学期からの教室掲示物として利用できますが，2学期のスタートが迫ってから掲示するとなるとバタバタするので，可能な限り早めに着手します。

2 不登校の生徒をつくらないために

　1学期にも欠席が多かった生徒は，夏休みという長い休みで生活のリズムがさらに乱れ，2学期から不登校に陥ってしまうおそれがあります。そこで，2学期から学校生活のリズムを取り戻すために，夏休み中も規則正しい生活ができるよう保護者へ電話などで協力をお願いします。「夏休みもあと1週間で終わります。毎朝7時には起きて活動できるよう声かけをしていただけると助かります」とお願いするなど，保護者の方の協力を頼りにしていることが十分伝わるような話をしましょう。あるいは生徒に励ましの葉書を出すこともよいでしょう。葉書は保護者も目にします。効果的な方法の1つです。

3 指導上注意しておきたい生徒への家庭連絡

　出校日に頭髪や服装の乱れが認められた生徒にも，保護者の協力を仰ぎながら指導したいものです。保護者と信頼関係ができているなら，「私だけではうまくいきません。お母さんの方からも話をしていただき協力してください」と正直に話をすることです。2学期の始業式を気持ちよく迎え，落ち着いた学級経営を行うためにも必ず行っておくべきことです。

教室掲示の準備はなるべく早めに

生徒への励ましの葉書

こんにちは！

長い夏休み、
毎日どのように過ごしていますか？
お家の方とゆっくり話す時間や、テレビやゲームを楽しんだりする時間もたくさんあると思います。そういう時間はとても大切ですよ。
心がゆったりできると、ファイトも湧いてきます。
学校で会えることを楽しみに待っています。

13 9月1 2学期始業式

トークのネタ 2学期始業式の日に

1 話し始める前に

　2年の2学期は，中学校生活のちょうど折り返し地点です。生徒にはこのことを意識させ，中学校生活後半の過ごし方について考えさせたいものです。そのためには，この時期に今後の学校や学年行事などの予定を知らせたり，3年生になる前につけておきたい力などを伝えたりしておくことが重要です。

　また2学期には，3年生が学校生活の様々な局面で引退することになり，2年生がいよいよ学校の顔として活躍する場が多くなります。部活動，委員会活動などでは，リードマンとならざるを得ない状況になることを自覚させておくとよいでしょう。

　夏休みを終え，それまでの生活や学習習慣を壊してしまっている生徒もいます。そういった生徒の心を引き締めるのも担任の大切な役目です。

2 話の献立

- 2学期の学校・学年行事（行事のイメージと見通しをもたせ，自分がどこで活躍できそうかを考えさせる）
- 2年の2学期は中学校生活の折り返し地点であること（今後の中学校生活への意欲を高める）
- よりよい生活や学習習慣（これまでの生活や学習習慣を振り返り，学校のリードマンとしての意識をもたせる）

トーク　2学期始業式の日に

　さあ，2年も2学期を迎えることになりました。中学校生活は3年間，学期にすると9つの学期があります。この2学期はちょうど中学校生活の折り返し地点となります。時が経つのは早いものだと思う人もいれば，逆に遅いものだと思う人もいるでしょう。聞いてみます。あなたは早いと感じていますか，遅いと感じていますか？

　夏休み明けの最初の学級の時間です。生徒の様子を見る意味も兼ねて，こうした質問を投げかけます。そのときの生徒の反応を注意深く観察することが大切です。担任の話を聞こうとしているか，そうではないかは，どのように夏休みを過ごしたかを反映しているのです。ダラダラと夏休み生活を続けてきた生徒は，はじめから集中力に欠けています。

　なるほど。半々に分かれましたね。それぞれの理由を聞いてみたいところですが，時間がないのでやめておきます。さてこの2学期は，体育大会，合唱コンクールという大規模な学校行事が続きます。1年生のときに経験しているので，様子はよくわかっていると思いますが，学級のまとまりがなくてはとても乗り越えられない行事です。全員の力で，ぜひとも充実した折り返しにしたいと思います。そのために自分はどうしたらよいか，1年生のときのことも振り返りながら考えてほしいと思います。

　1年生のときの様子を思い出させながら，それぞれに2学期のあり方を考えさせましょう。「この2学期をどう過ごすか」というテーマで簡単に作文を書かせてもよいでしょう。

　夏休み中に新たに部活動の部長になった人がこの学級にもいます。おめでとう。部活動のまとまりは部長の力にかかっていますからがんばってください。すでに3年生が引退して2年生が中心になっている部活動は多いですね。いよいよ君たちの学校になると言っても過言ではありません。

　2年生はいやがおうにもリードマンにならなければいけません。そのような立場を積極的に受け入れる人になってほしいということをしっかり伝えましょう。

13 9月1日 2学期始業式

リーダーとしての意識を高めよう！

1 バトンを受け取る

　2学期からは，部活動をはじめ，学校生活の様々な場面で主役が徐々に3年生から2年生に移っていきます。このように，先輩からバトンを受け取る大事な学期であることを意識させたいものです。

　始業式後の学級の時間に，短時間でよいので，どのようなことを引き継ぐことになるのか，思いつくものを生徒にあげさせてみるとよいでしょう。非常にたくさんのことがあることがわかると同時に，意外に気付いていなかったことなどもいろいろと出てくるはずです。

2 2学期の決意

　生徒会活動でも，リーダーの仕事は2年生に回ってきます。サポート役として3年生が一緒に活動してくれることに感謝しつつも，2年生がしっかりと受け継いでいきますという姿勢を見せるときであるということを自覚させたいものです。

　また大きな場面だけでなく，学校生活のあらゆる機会にだれもがリーダーになれるように，生徒同士の話し合いや，助け合いも今まで以上に重視していきたいものです。

　そういったことを踏まえて生徒に2学期の決意を書かせます（担任が課題点検をしている時間などを利用してもよいでしょう）。そのまま教室に掲示することを想定して，用紙の大きさなどに注意しましょう。

先輩から受け取るバトン板書例

先輩からうけとるバトン
・部活の部長
・委員会の委員長
・生徒会の活動
　体育大会
後輩の指導
活動の進行

2学期の決意を書かせて，リーダーへの自覚を

2学期の終わりに私はこうなっている　そのために今日から○○する！

2年　　組　名前

学

部活

学校生

なりたい自分を具体的にイメージして実現に努めよう！

14 体育大会

トークのネタ 体育大会に際して

1 話し始める前に

　２年の体育大会は，昨年の経験があるので，担任が生徒にイメージを問うたりする必要はありません。しかし，１年時の経験は，学級や生徒によって違うので，担任としての体育大会への思いをしっかり伝えておくことは大切です。

　学級対抗の形式で争われる体育大会では，ともすると，生徒は優勝という結果ばかりにこだわりがちです。個人の競技得点が学級順位に加算されるとなると，ますます運動が得意な学級のスターに注目が集まります。

　しかし，いくら運動が得意でも，「１位になって当たり前」という仲間の期待を重圧に感じ，本番で力を発揮しきれない生徒もいます。担任は，こういった話も交えながら，目標を設定すること自体はよいことであっても，取り組んだ結果よりも取り組む過程の方が大切であるということを強調しておきたいものです。

2 話の献立

- **体育大会は結果より過程が大切**（それぞれが大会を支える役割をもち，努力を重ねてほしいことを伝える）
- **優勝することの価値**（優勝しても，それにふさわしい態度でなければ周囲に認めてもらうことはできないことを伝える）

トーク 体育大会に際して

　中学生になって2回目の体育大会が近づいてきました。これから全学年での練習が始まります。体育大会には，集団の動きの美しさで魅せる場面もあります。日ごろの体育の授業で取り組んでいる集団行動のすばらしい姿を大いに見せてください。

体育大会の全体練習と聞くと，「面倒くさい」「大変だ」という声を上げる生徒もいることでしょう。全体練習前にその意義の説明はあると思いますが，担任としてもその意味を伝えておきましょう。

　さて，体育大会に向けて，担任として君たちにぜひとも伝えておきたいことがあります。学級対抗ですから，優勝という結果も望んでいますが，結果より大切にしたいことがあるのです。何だと思いますか？

このように，時には質問をして，まずは生徒自身に考えさせるとよいでしょう。数人の発言を重ねることによって，きっと過程を大切にしたいという担任の思いが表現されるはずです。

　そうですね。今，何人かの人が発言してくれました。結果も大切ですが，そこまでの過程を先生は大切にしたいのです。
　幸い，我が学級には，走力では負けないと言われる人が何人かいます。他の学級からはすでに我が学級が優勝するに違いないとも言われています。予想通り優勝すればいいと思っていますが，できることなら気持ちよく優勝したいのです。

「気持ちよい優勝」について質問してもよいでしょう。集合，観戦，応援時など，競技以外での態度が大切なことに気付かせましょう。

　気持ちよい優勝とは，そこまでの様々な過程で他の人から認められた結果でありたいのです。優勝しても，「あんな態度の学級ではね…」と言われるほど悲しいことはありません。

このように投げかけておくと，担任として，折に触れて「今の行為は他から認められるものかどうか？」と問いかけることができます。担任としての筋を通しておくことが大切です。

14 体育大会

学級の団結を強める種目決め

1 競技種目は生徒が決める

　2年の体育大会では，競技種目もできる限り生徒に決めさせたいものです。「自分で決めた競技だから，最後まで絶対にがんばろう」というやる気をもたせるためです。教師が勝負にこだわって選手決めに介入したりすると，生徒の不満が高まり，学級全体のモチベーションが下がってしまいます。

　ただ，生徒がやりたい種目をやり，教師が生徒に従う，ということではありません。学級には運動が得意な生徒もいれば，不得意な生徒もいます。欠席しがちで体力がない生徒もいます。生徒一人ひとりの状況を把握したうえで必要な配慮をし，生徒の自主性を大切にすることが担任教師の役目です。

2 決め方のポイント

　生徒の自主性を重んじ，学級の団結を強めるような競技種目の決め方にはいくつかのポイントがあります。まずは「やりたいものを選ぶのではなく，やるべき種目を選ぶこと」です。自分のことだけでなくクラス全体のことを考えるわけです。それぞれが自分のことばかり考えていたら，いつまで経っても決まりません。この意味を十分に生徒に理解させられるように担任は生徒に語る必要があります。

　そして，競技種目を決める順番も重要なポイントです。右ページの例のように決め方はいろいろありますが，決めるのはあくまで生徒なので，決まった後にもめたり，決め直しをしたりすることにならないように，担任は「こんな決め方もあるよ」と例を紹介するにとどめます。

競技種目を決める順番の例。理由も添えて生徒に配付するプリントに示します

❶代表リレー，学級対抗リレー
学級の代表選手は最初に決めます。

❷持久走・走り高跳び
体力・運動能力的に参加できる選手が限られるので，早めに決めます。

❸二人三脚
ペアで行う種目なので，なるべく近い体格の人が同じ組になるよう配慮する必要があります。

❹400m走，200m走，100m走
より体に大きな負担がかかる距離の長い競技から決めるのがベター！

種目決めの前に生徒に提示する約束事の例（プリントに示す）

❶決定したことは絶対に変更しない！
意見や不満は，必ず決定する前に言いましょう。

❷負担の大きい種目や希望者が少ない種目に挑戦しよう！
がんばり次第で自分自身の殻を打ち破ることができます。

❸全員の希望をかなえるのは不可能。決まった種目に全力で取り組もう！
納得できない人が出るのは当たり前。それでも協力してがんばろう。

❹他人との勝負ではなく，自分との勝負にこだわろう！
自分との勝負にこだわれば，出場する種目が何かは関係なくなります。

14 体育大会

応援練習に
ICTを活用しよう！

1 応援に学級独自のこだわりを

　応援合戦は，中学校の体育大会の大きな見せ場の1つです。
　応援パフォーマンスの練習を行う際にも，ただ決まった演技の完成度を高めていくことだけを考えるのではなく，学級独自のこだわりなども取り入れてみたいものです。

2 応援練習にICTを活用

　全国的に，中学校でもICT機器の導入が進み，大型デジタルテレビなどが導入されている学校も少なくありません。
　このICT機器を，授業だけでなく，ぜひ体育大会の応援練習にも活用してみましょう。写真や動画を撮影し，見せてあげることによって，生徒は自分たちのパフォーマンスを客観的な視点でチェックすることができます。それを基にミーティングを行い，気付いたことを伝え合うなど，主体的な活動の充実も期待できます。
　また写真は，学校ホームページや学級通信に載せて発信することも可能です。地域の方々や保護者に喜ばれることはもちろん，「周囲の人たちに見られている」という意識が，生徒の活動の動機づけとしても有効に働きます。
　また，体育大会後に振り返りのアンケートをとるようなこともよくありますが，この中にも写真を入れておくと，仲間や自分たちの学級のがんばりに自然と目が向いていきます。

パフォーマンスを動画で再生＆見ながら動きの練習をする生徒

体育大会後の振り返りアンケートの一部

○ 体育大会を終えて、クラスの仲間に伝えたいこと、メッセージをどうぞ！

○ 2組がこれからがんばっていくこと、次にみんなが目指すクラスはどんなクラスだと思いますか？また、あなたは今日からどんなことに気をつけて生活したいと思いますか？

14 体育大会
学級の団結を強める寄せ書きづくり

1 競技だけが体育大会ではない

　体育大会は，運動の得意な生徒にとっては，活躍の場が多く保障され楽しみな学校行事ですが，苦手な生徒にとっては，恥ずかしい思いをすることもある嫌な行事です。

　そこで担任は，体育大会には応援や各種の係など様々な仕事があり，運動が苦手だとしても，一人ひとりがどんな役割を自分が果たすことができるかを考え，貢献することが重要であるということをしっかりと伝えておきたいものです。

2 団結を強める寄せ書き

　体育大会に向けた準備や練習は，ある程度の時間をかけて行っていくことになります。そういった取り組みを持続的に行っていくには，学級の団結が欠かせません。

　そこで，1枚の模造紙に，生徒たち一人ひとりの体育大会に向けた目標や思いを集めた寄せ書きを作成し，教室背面に掲示しておくことをおすすめします。右ページ下の写真のように，担任が集合写真を撮影し，貼ったりするのもよいでしょう。体育大会に向けた学級のシンボルとして，雰囲気を盛り上げることにつながるだけでなく，練習中にトラブルが起きたときに立ち返る道しるべにもなります。

　体育大会当日の朝にこの寄せ書きを黒板に貼ると，学級の士気は大いに高まります。

14 体育大会

体育大会への取り組みを伝える学校ホームページの記事

学級全員の目標や思いを集めた寄せ書きは団結のシンボルに！

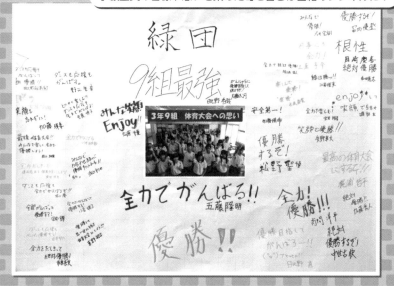

15 生徒会役員選挙

トークのネタ 生徒会役員選挙の前に

1 話し始める前に

　多くの学校では，後期の生徒会役員は２年生が中心になることでしょう。学級の中に生徒会役員選挙に臨む生徒がいる場合は，学校のために動こうとしている勇気と積極性を大いに称賛し，学級全員で応援し，バックアップしていきたいものです。学級から立候補がいない場合も，役員選挙に２年生が多く立候補しており，２年生が学校の大黒柱になる時期が来たことを自覚させます。

　選挙は厳粛に進めるべきものであること，１票が当選者を左右することがあることを説明し，立会演説会に臨む態度についても触れておくとよいでしょう。

　選挙管理委員となっている生徒がいる場合は，その生徒への励ましと責任の重さを伝えておくことも忘れないようにしたいものです。

2 話の献立

- **生徒会役員選挙の流れ**（立候補，選挙運動，立会演説会，投票・開票などの流れを伝える）
- **後期は２年生が生徒会の中心者**（２年生が学校の柱として動かなければならないこと，役員を積極的にフォローすることの大切さなどを自覚させる）

トーク 生徒会役員選挙の前に

> いよいよあなたたち2年生が学校の柱となる時期がやってきました。生徒会役員も2年生が中心になります。

2年生が学校の柱になるということは，生徒会役員選挙に限らず，この時期担任が折に触れて生徒に伝えておきたいことです。何度も伝えることで，徐々に生徒の意識も高まっていきます。

> この学級には生徒会長に立候補している○君がいます。もうすぐ立ち合い演説会がありますが，○君，ここで立候補した決意のほどを話してください。

立候補した生徒には，決意表明をしてもらうことをあらかじめ伝えておきます。立候補演説を学級でリハーサルさせてもよいでしょう。

> なるほど，さすが上手に話してくれましたね。みなさん，○君の考えはわかりましたか？ △さん，○君は会長になったらどのような学校にしたいと言っていましたか？

立ち合い演説会の折にはこうした質問はできません。学級だからこそできる質問です。演説会に臨む生徒の意識を高めるためにも，こうした質問を事前にしておくとよいでしょう。

> ○君のほか，2年の他の学級からも多くの立候補がありました。2年の担任として，とてもうれしく思っています。この学校を自分たちでつくっていくのだ，支えていくのだ，という気持ちを多くのみなさんがもっていてくれるからです。

学年としてのあり方についても触れておきます。

> 信任投票となっている役職もあります。この場合は名前を書くのではなく，信任するときは○，信任しないときは×をつけることになっています。先生は自ら学校のために動こうと立候補した人ですから，その人の気持ちを大にわかってほしいと思います。

「信任投票は必ず○」とは言えませんが，意味もなく×をつける生徒もいるので，信任投票の意味を事前にしっかり伝えておきましょう。

15 生徒会役員選挙

"学校の柱"として
できることを考えよう

1 生徒会について学級で考える

　２年生は学校の柱です。後期は部活動や委員会，生徒会も２年生に引き継がれます。そんな２年生ですが，「生徒会とは何か」という質問に答えられる生徒は，どれぐらいいるでしょうか。「生徒会＝生徒会役員」であると思い込んでいる生徒も少なからずいます。

　そこで「生徒会とは何か」をいま一度学級で考え，全校生徒が生徒会の一員であることを確認しておきたいものです。

2 生活振り返りシートと目標掲示

　では，学校の柱，生徒会の一員として，一人ひとりの生徒にできることとは何なのでしょうか。最初からハードルをあげて考える必要はないので，身近なことでできることから始めさせます。

　例えば，「生活ふりかえりシート」を用意し，まず生徒に自分たちの生活を見直させます。自分たちの現状を知り，振り返ることで，今すぐにできること，変えられることが見えてきます。

　また，学級の生活班で「これだけは１週間がんばろう」という具体的な目標を話し合って考え，例えばＡ４判の用紙に記入します。これを教室の目につきやすい場所に掲示し，◎，○，△などで毎日達成状況を記入していきます。だれにでも見えるところに掲示していることで，お互いに高い意識をもって目標に取り組むことができます。

「生活ふりかえりシート」

項目	評価	気づいたこと
提出物・忘れ物	△	数学のプリントを提出できなかった。
授業	◎	たくさん発表できた。話もしっかり聞けた。
清掃活動	○	ふつうにとりくんでいた。
給食	△	食べるのがしゃべっていておそくなったりした。
係活動	◎	言われなくてもすすんでできた。
時間	◎	ちこくもなく、教室移動も早くいけた。
あいさつ	○	できたけど、ろうかではできなかった。

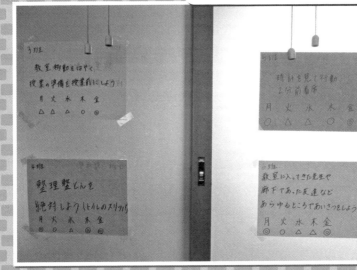

班ごとの目標と達成状況を記入した掲示物

16 美術・書写競技会

トークのネタ 美術・書写競技会の前に

1 話し始める前に

　美術・書写競技会は，全国的にみると例が少ない行事かもしれません。行われていない学校の先生は，学級担任として美術や書写にかかわっていくときの留意点と読み取ってください。

　中学校は教科担任制のため，自分の担当以外の教科の詳細はなかなかわからないものです。とはいえ，まったく無関心ではいけません。

　そこで，美術や書写の授業を一度見に行ってみることをおすすめします。美術や書写の授業では，他の教科と違う姿を見せる生徒は少なくありません。普段，他では見せないようなすごい集中力を発揮する生徒もいます。生徒のよさをとらえようという気持ちで授業を参観すると，生徒の理解は深まります。また，担任が作品を見たときに発するひと言は生徒の心に残るものです。

2 話の献立

- **美術や書写の授業を参観した感想**（担任として生徒の取り組みについて感じたことを知らせる）
- **美術・書写のテーマ**（担任として生徒に期待することとともに作品づくりのテーマに触れる）
- **競技会後の流れ**（競技会後の審査，表彰，展示などの流れと日程を知らせる）

トーク 美術・書写競技会の前に

> 　本校の2学期の行事に、美術・書写競技会があります。昨年経験したので、みなさんもよくわかっていることと思います。昨年の美術競技会のテーマは、「スポーツをする人」でした。全身にものすごい力が入っている体操選手を表現した〇さんの作品をよく覚えています。書写競技会のテーマは、「共同募金」でした。△君の作品は多くの作品の中でもだれもが注目するすばらしい作品でしたね。

　昨年の様子を思い出させるためには、具体的な話題を入れます。昨年の優秀作品をつくった生徒とその作品をあらかじめ確認しておけば、このように話題にすることができます。「先生はよく覚えているなあ…」と生徒に思わせる演出は大切です。

> 　今年度の2年の美術競技会のテーマは、「アートボックス」だそうですね。昨年の2年と同じとのことですから、文化祭の展示作品を思い出している人もいると思います。心の中のことを限られたボックスの中で表現するというのはなかなか難しそうですが、2年生にふさわしい、取り組みがいのあるテーマですね。

　このように、担任が関心をもっていることが、生徒の意欲を高めることにつながります。「美術競技会があるそうだが、がんばりなさい」と言うだけの担任と比べてみてください。聞く側の生徒の気持ちになるとわかると思います。
　また、美術の先生にとっても、事前に担任が関心を寄せて情報を得ようとしているのは、うれしいことです。

> 　書写競技会のテーマは、「生命尊重」ですね。我が校は命を実感するプロジェクトを進めていますので、まさにうってつけのテーマです。ぜひ心を込めて書いてください。入賞した作品だけではなく、全員の作品を教室にしばらく飾りたいと思います。

　学級担任として、生徒の作品を大切にしていきたいという気持ちをしっかりと伝えます。

16 美術・書写競技会

ほめることが担任の仕事

1 自分の最高傑作を

　得意不得意，上手下手がはっきりと出てしまうのが，美術や書写の作品制作です。生徒たちも自分の作品を見る他者の目を気にしがちです。もちろん，美しい作品を制作できる力や，お手本通りに書くことのできる力を伸ばすことは大切ですが，それ以上に生徒本人が仕上がった作品に満足感を抱くとともに，作品を通して自身の成長を実感できることが重要です。一人ひとりが自分のよさを見いだせるような言葉かけを心がけましょう。

2 制作中に

　美術・書写競技会は，自分の受け持つ生徒たちの担任に見せない一面を知る貴重な機会です。真剣な眼差し，一心不乱に作業する姿など，自分の授業や普段の教室ではうかがえない生徒たちの表情を見ることができます。

3 ほめ言葉は短く，具体的に

　作業の邪魔にならないようにタイミングに注意する必要はありますが，制作中必ず学級全員に言葉をかけましょう。言葉かけのポイントは1点のみ。作品のよいところを見つけてほめるということです。
　「力強い字だね」「はねがきれいに書けているよ」「いい色が出ているな」「ここの形おもしろいね」「組み合わせ方が個性的！」
　難しいことを言おうとせず，短くてよいので具体的かつ率直に伝えることです。

16 美術・書写競技会

作品をつくる生徒の眼差しは真剣そのもの！

でき上がった作品を友だちと鑑賞する生徒たち

17 アンケート 学級組織づくり（後期）

トークのネタ　学級の組織づくりを行う場面で

1 話し始める前に

　中学校生活も1年半経つと、あらゆるところでゆるみが生じてきます。学級組織の再編は、そのゆるみを解消するために効果的に働きます。

　前期の学級組織とその活動内容をまずは振り返らせましょう。それぞれの組織ごとに反省会を行い、代表に発表させてもよいでしょう。また、その組織を後期も存続させるかどうかの判断、継続となれば活動内容の見直し、…といったことは、2年のこの時期であれば十分できるはずです。

　担任が忘れてはならないのは、生徒の自主・自律を育てるために、学級組織を生徒自身に考えさせて、自らの手で運営する経験を積ませるというねらいです。特に、前期の組織が機能しなかった場合、担任が主導した方がうまくいくと判断して、先回りしてしまいがちです。真の自主・自律のために、担任も我慢しなければならない局面です。

2 話の献立

- **前期の学級組織の振り返り**（当番や係の項目を示して、必要・不要の観点から考えさせる場面をつくるとよい）
- **自主・自律の精神で動く学級**（担任として学級に求めている姿を明確に語る）
- **心に残っている前期の学級活動**（担任として前期の活動を評価する）

トーク 学級の組織づくりを行う場面で

　生徒会組織も学級組織も，これまでを振り返り，再編する時期を迎えました。ところで，「〇〇当番は大変そうだからやめよう」とか「□□係はあまりやることがないからぜひ後期に入ろう」などといった，先生からすると，「おや？」と思う声が聞こえてきます。

　2年のこの時期となると，生徒は学級の組織づくりも慣れたもので，新鮮味はありません。そこで上記のように，マイナス思考をしている生徒の例を示し，ハッとさせるとよいでしょう。

　何のために学級組織があるのかをいま一度考えましょう。しばらく時間をとりますので，各自で考えてみてください。

　中学校生活に慣れ，何かとゆるみが生じているようであれば，このようにあらためて係活動や当番活動の存在価値を考える機会をつくった方がよいでしょう。ただし，短時間で切り上げます。こうしたことに時間をかけると，学級の雰囲気は重くなってしまいます。

　そうです。係や当番活動がなくなれば，あなたたち自身が困りますよね。学級として成り立たなくなってしまいます。

　このように，存在価値を確認した後，前期の係や当番活動を継続するかどうかの判断を求めるとよいでしょう。それぞれの組織に分かれて考えさせます。あるいは，係・当番名を黒板に書いておき，全員に「必要…〇／不要…×」の判断をさせてもよいでしょう。

　この係は〇と×に分かれましたね。意見が分かれたということは話し合う必要がありますね。「先生はなぜこんな面倒なことをさせるの？」とか「先生が決めてくれればいい」と考えている人がいるかもしれません。でもみなさんには，自分で自分たちの生活をよりよくしていくために考える力はついています。その力を発揮してほしいからこそ，こうしているのです。

　話し合いを重ねることで，生徒の自主・自律の精神が養われていきます。時間がかかることですが，粘り強く取り組みましょう。

17 アンケート 学級組織づくり（後期）

学級役員決めは選挙で！

1 中学校3年間を簡単に図示

「中学校生活も折り返し地点」と言葉で言っても，なかなかピンとこない生徒が多いというのが現実です。そこで，右ページ上の写真のように，中学校3年間を9つ（各学年前後期）に区切って図示します。とても簡単なことですが，視覚的に示されることで，中には「あ，言われてみるとそうだな」と感じて，ハッとする生徒もいます。

2 学級役員を決める選挙

2年の後半を迎えるこの時期に，自主・自律を重んじ，学級役員決めに選挙を導入してはどうでしょうか。役員に重みをもたせる意味でも有効です。

> ❶学級役員選挙日を決めます。（担任が決定）
> ❷立候補を受け付けます。（担任，あるいは学級内選挙管理委員に届出）
> ❸立会演説会を持ちます。（短学活を利用）
> ❹投票をします。
> ❺開票をします。（担任，あるいは学級内選挙管理委員が実施）

多くの学級では，その場で立候補させ，その場で意思表明をさせて，挙手により決めることが多いのではないでしょうか。上記のようにステップを踏むことで，立候補者の意気込みも高めることができます。

18 文化祭・合唱コンクール

トークのネタ 文化祭・合唱コンクールの前に

1 話し始める前に

　どの学校でも，文化祭・合唱コンクールは重要な学校行事でしょう。特に合唱コンクールは学級のまとまりが最もよく表れる行事の１つです。

　一方で，２年も２学期になると，生徒の個性がより強く表れてきて，「合唱なんて大嫌い」とストレートに言う生徒も出てきます。学級のまとまりに水を差す発言や行動は，担任としてとても辛いものです。

　こうした生徒もいる中で，学級のまとまりを生み出すには，相当な神経を使います。一度に思いの丈をぶつけてしまうことはせず，思いを小出しにしていくこともよいでしょう。

　また文化祭においては，ともすると学級のことばかりに目がいき，文化部が大切な舞台を迎えていることを見落としがちですが，文化部に所属している生徒にとっては寂しいものです。全方位に目を向けましょう。

2 話の献立

- **文化祭や合唱コンクールまでの流れ**（制作や練習時間は制限されるものであることをしっかり伝える）
- **担任として文化祭・合唱コンクールに期待すること**（望む学級の姿を明確に語る）
- **楽しみな文化部の大舞台**（文化部所属の生徒を励ます）

トーク 文化祭・合唱コンクールの前に

> 担任として、とても楽しみであり、苦しいものでもある文化祭や合唱コンクールがやってきます。

話を聞こうとする集中力を高めるために、「楽しみであり」の後に、意識的に間を空けるとよいでしょう。

> 「苦しいものでもある」というところで、あれっ?という顔をしてくれた人がいますね。先生は何が苦しいのかわかりますか?

担任の気持ちを生徒に推測させるのも大切なことです。2年生なので、1年時の経験を思い出しながら推測できるはずです。

> そうなのです。本番が近づけば近づくほど、学級のまとまりがなくなってくることがあるからです。昨年を思い出してください。自分の学級は、そういう状況だったという人はいますか?

おそらく何人かの生徒は手を挙げるでしょう。合唱コンクールに向けては、どの学級も山あり谷ありです。だからこそ学級がまとまっていくのです。手を挙げた生徒に、どのような状況であったかを聞いてみてもよいでしょう。

> なるほど。大変な思いをした人もいましたね。先生はだからこそ、いい学級になっていくのだと思います。みんなで1つの歌をつくり上げることは容易なことではありません。昨年以上に大変なことが起こるかもしれません。それは学級が動いているからです。君たちがどのように動き、この学級を高めてくれるか、先生はそれが楽しみです。先生は君たちの手にできるだけ任せようと思っていますので、その過程を見ているときは苦しいのです。

このように、「ある程度のもめ事は覚悟していますよ」と伝えておくと、生徒も教師もかなり気が楽になります。

> 文化部の皆さんだって同じだと思います。文化祭という1年に一度の大舞台です。部内でもめて当然なのです。雨降って地固まると言いますからね。

この時期には、こうした現実的な話をした方が生徒の心にストンと落ちるものです。

2章 中学2年の学級づくり 365日の仕事術&アイデア

18 文化祭・合唱コンクール

生徒の名言が
行事を成功に導く！

1 生徒の名言を紹介

　文化祭や合唱コンクールに向けて，クラスのためにひと肌脱いで活躍してくれる生徒がいます。２年生ともなると，仲間の心に響くような名言やメッセージを語ることができる生徒も出てきます。そこで，行事に向けたアドバイスやメッセージをいつも教師が送るのではなく，そんな生徒が発した名言を取り上げて学級の時間や学級通信で紹介すると，行事に向けた学級の取り組みに魂が吹き込まれます。

　（例）文化祭で準備がうまくいかなかったときに発したクラスリーダー

> 信じることは変わること。自分を信じ，仲間を信じればきっと集団は変わる。何のための準備か，一人ひとりが考えよう。

　このように，生徒が発した言葉を拾い集めることだけでも，自主・自律の大きな力になります

2 合唱に命を吹き込む担任の言葉

　学級の合唱のレベルを上げることには，担任の手腕も問われます。何よりも大切なことは，担任自身の合唱コンクールにかける思いや学級の生徒に期待することを，ここぞというタイミングで率直に語ることです。その言葉を生徒がしっかりと受け止めてくれれば，合唱が一気にまとまることも少なくありません。

文化祭や合唱コンクールへの取り組み中に実際に生徒が残した名言

ただひたすら感謝。そして，謙虚に，謙虚に。
　（学級展示の責任者になった生徒が，文化祭前に病欠したときの名言）

「うまい」と言われるより，まずは「あなたの隣は歌いやすい」と言われるようになろう。
　（合唱コンクール1週間前に女子生徒が男子生徒へ放った名言）

合唱はたし算じゃない。かけ算だ！
　（声の出ない学級で，指揮者の生徒がみんなに放った名言）

笑顔が多いほど歌が伝わってくる。
　（合唱の感想をみんなに伝えたときのパートリーダーの名言）

命を吹き込む担任の台詞

　合唱練習で大切なのは「歌に命を吹き込む」ことだと思います。「歌に命を吹き込む」ことを具体的に言うと，学級のみんなが選んだ自由曲の歌詞に，気持ち（心）を込めることだと思います。
　例えば，「いいですね」という言葉を心を込めて言ったときと，心も込めず単に言ったときは随分違うことはわかりますよね。
　気持ちを込めるには，その言葉のもつイメージを膨らませることです。その言葉が温かいのか冷たいのか。柔らかいのか堅いのか。また，同じ温かいでも，熱いのかほんのりとしたぬくもりなのか。それによって歌う表現が変わってきますよね。その表現力は，みんなの団結力に表れると思います。

18 文化祭・合唱コンクール

合唱練習のガイドライン

1 合唱コンクールの姿こそが学級の姿

　体育大会は運動能力に左右されますが，合唱コンクールは学級経営そのものが結果として表れます。大切なことは，何が起こり，どのように対応するのかという見通しをもつことです。その一つひとつに適切に対処していく担任の姿が生徒の信頼を得ることにつながり，学級の絆が深まります。

2 練習のガイドライン

　まずは最初に，練習のガイドラインを示すことが大切です。合唱の99％はパート練習で決まります。3台のカセットデッキ，キーボード，そして音取り用に小学校で使う鍵盤ハーモニカがあると便利です。パートリーダーを中心にとにかく歌い込みます。音が取れたら合わせ練習。全員が歌詞の意味を理解することが大切です。意味を感じながら，強弱記号等，楽譜を意識して歌います。しかし，専門的な指導は…。そのときに頼るべき人が音楽教師です。指導の進め方を相談したり，音楽での指導の様子を見せていただいたりすることで，担任としての指導のスキルを上げていくことが大切です。

3 その他の問題

　歌わない生徒をどうするのか。これは，歌わざるを得ない雰囲気をつくるしかありません。そのために必要なのが学級の絆です。教師の話を聞かなくても，仲間の話は聞きます。合唱コンクールまでに，学級の気持ちを1つにできていれば必ず仲間が声をかけてくれます。

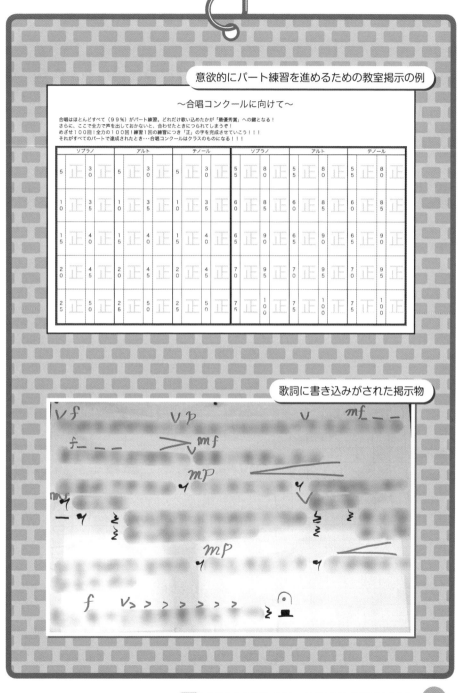

18 文化祭・合唱コンクール

やる気は「表情・口の開き具合・息継ぎ」に表れる！

1 最初に全員の意思統一を

　合唱コンクールの練習をしていると，練習をがんばる生徒とがんばらない生徒の衝突に悩まされることがあります。こうしたトラブルの多くは，生徒たちの気持ちの温度差によるところが大きく，みんなの思いが同じ方向に向いていないことが原因です。

　そこで，最初に，学級で目標と目的を確認しましょう。「賞を取る」という目標だけではいけません。何のために合唱コンクールをやるのか，目的も必要です。目標がないと，緊張感がなくなってしまうし，目的がないと，勝利至上主義になってしまうので，どちらが欠けてもいけないのです。この2つが最初に決まっていて，全員の意思が統一されていれば，トラブルが起きたときも，目標と目的に立ち返ればよいはずです。

2 やる気は「表情・口の開き具合・息継ぎ」で見る

　目標と目的を確認しさえすれば，生徒はいつでもがんばるというわけではありません。だれでも，やる気が出ない日はあるものですし，そのせいで注意しなければならない場面も出てくることでしょう。それらをわかったうえで，「やる気は『表情・口の開き具合・息継ぎ』で見ている」と話をします。生徒たちも，ただ「やる気が感じられない」と注意されるよりも，「今日は，あまり口が開いていないけど」と注意される方が納得するはずです。

　息継ぎの様子は，後ろ姿を見るのがおすすめです。身体全体を使って，大きく息継ぎをしようとする姿は，後ろからの方がよくわかります。

「目標」と「目的」どちらも大切に

目　標	目　的
・賞を取る ・1位になる	・クラスがまとまる ・みんなの心を1つにする

目標がないと，緊張感がなくなってしまう
目的がないと，勝利至上主義になってしまう

どちらも欠けてはいけない

息継ぎのチェックは後ろ姿で

19 保護者面談

トークのネタ 保護者面談の前,生徒に

1 話し始める前に

　年間に2回保護者面談を行っている中学校であれば,3回目,あるいは4回目となり,生徒も慣れたものです。

　そこで,これまでの保護者面談後に保護者とどのような話をしたかを思い出させます。そのうえで,「どのような約束をしましたか?」と問いかけてみるとよいでしょう。「約束なんてしていない」という生徒がいたら,「今度の保護者面談では,おうちの人に『子どもさんとこのような約束をされたらどうでしょう』と伝えておきますので,よく聞いてください」と言っておくと,保護者面談への関心は高まるでしょう。生徒が同席する三者面談でも同様です。「その場でおうちの人に提案をしますので,家に帰ってよく相談してください」と伝えておきます。

　全員に確認するのは難しいことですが,気になる生徒には懇談会後に保護者と実際にどのような会話をしたかを聞いておくとよいでしょう。今後の指導に役立つ情報が得られることが多くあります。

2 話の献立

- 保護者懇談会で話す主な内容(どのようなことを話すのかをあらかじめ生徒にも伝えておく)
- 家庭での事前事後の会話(家庭での会話を大切にさせる)

トーク 保護者面談の前，生徒に

> もうすぐ保護者面談がありますね。思い出してほしいことがあるのです。前回の面談後におうちの人とどのような約束をしましたか？

「約束なんてしていない」と言う生徒がいるのは承知のうえで聞きます。面談後に家庭でどのような会話がなされたのかを思い出させるための質問です。「どんな話をしましたか？」という聞き方では，抽象的すぎてインパクトがありません。

> そうですか。約束をした覚えはないという人が多いですね。今度の懇談会では，「おうちの人にお子さんとこのような約束をしたらどうですか」と提案しておきますので，必ずおうちの人から聞いてくださいね。

このように話しておくと，口数が極端に少なくなると言われる中学２年生男子も，担任がどんなことを言っていたか聞きたくなるはずです。

> 今度の保護者懇談会で話題にしたいことは，これまでの君たちの教室での様子です。がんばっていることをしっかり伝えたいと思います。次に授業での様子と成績について話します。この時期ですから，卒業後のことが話題になるかもしれません。先生が話す前におうちの方から，実は〇〇高校を受けさせたいといった話が出そうですね。我が家は出そうだなと思う人は手を挙げてください。

このような質問を通して，挙手にかかわらず，家庭での会話の有無を感じ取ることができます。家庭でよく会話をしている生徒は，話を聞くときの表情が違います。まったく会話がない生徒は，こうした話には無表情であったり，やや反抗的な姿勢をとったりするものです。

> 君たちから，このような話だけは止めておいてほしいというのがあったら，本日午後４時まで受け付けますよ。

このように言って，生徒の反応を見るのもよいでしょう。明るい生徒は，すかさず「〇〇だけは止めて！」と言うでしょう。「そうだよね。あの話題は避けたいよね。本当はあれもやめてほしいでしょ…」などと微笑みながら，生徒との会話を楽しみたいものです。

19 保護者面談

三者面談を親子の会話のきっかけに

1 三者面談では生徒に語らせる

　中学校生活にも慣れ，部活動や行事で中心になっていく２年になると，三者面談が行われる学校も多いでしょう。

　この時期の生徒はあまり本音を言わないので，家庭では，成績や進路の話なども保護者からの一方的な話にとどまっていることが多いことでしょう。ですからこの機会に，生徒本人の前で，保護者に学校でのがんばりを伝えてやりたいものです。

　まず，保護者と生徒の気持ちをほぐし，生徒に語らせましょう。その話を担任と保護者でじっくり聞き，生徒の考えを共有しましょう。家庭生活についてのお願いなどは生徒を先に退出させてから，簡単にお話すれば十分です。気になることがあれば，面談でまとめてお話するのではなく，その時々にこまめに電話等で連絡した方が伝わります。

2 職業人体験を話題にしよう

　２年生ともなると，ある程度自分自身を客観的に見られるようになってきます。三者面談をきっかけに，保護者と生徒が家庭で学校生活を話題にできるようになると，３年生になったときには，進路について親子での話し合いがスムーズに行えます。面談では，職業人体験についても触れておきたいものです。将来の希望について考える機会になるだけでなく，社会における考え方を知る機会にもなることを伝えましょう。家庭での話題を提供することにもなるでしょう。

2学期の通知表

❶ 2学期の通知表作成のポイント

　2学期は行事が目白押しなので，所見のネタは尽きないことでしょう。しかし，あれもこれも書こうとすると，表層的な所見になってしまいます。1つの行事に絞り，そこでの生徒のよい姿を具体的に述べた方がよいでしょう。学習状況は1学期からの変化を述べることを心がけ，努力した点を強調するとよいでしょう。

❷ 2学期の通知表所見の文例

❶行事に熱心に取り組んだ生徒

　体育大会やコーラス大会などの行事では，いつも熱心に活動し，協力的に取り組むことができました。特に，コーラス大会では，表情豊かに歌い上げ，テノールパートの要としてなくてはならない存在でした。

　「書いてはみたものの，これはだれにでも言えることだ…」という所見にならないようにするためには，その生徒だからこそ言えることを，保護者が読んで具体的にイメージできるように表現することが大切です。

❷2学期に大きく成長した生徒

　理解が不十分なところを補うため，友だちに熱心に教わる姿から，学習に対する強い意欲が伝わってきました。その他にも様々な場面で物事に前向きに取り組む姿が見られ，大きな成長を感じることができました。

　成長が感じられる象徴的な場面を具体的に示した後，他の場面でも同様であると総括しています。生徒の成長にかかわる所見は，このように，具体例を基にして，その行為を価値づけるとよいでしょう。

❸リーダーとして活躍した生徒

　学級代表として,いつもクラス全体を見渡しながら行動することができ,頼もしい存在です。サッカー部の活動にも熱心で,副部長として部員全員に積極的に声かけをし,士気を高めてくれました。

　リーダー的存在の生徒は,ほめることができる場面が多いものですが,上の例では全体のことを考えて行動できるよさをしっかり伝えようとしています。このように的を絞って記述することが大切です。

❹級友に対しての心配りがほしい生徒

　学習面では,課題への取組がどんどん変わってきたことをうれしく思います。やればできるという手応えを感じることができた学期になったはずです。級友に対して心配りができると,さらに充実した学級生活になるでしょう。

　所見の後半のように,どのような姿になるべきかを明言することが大切です。通知表を手渡す際に,担任として願っている姿をより具体的に話しておくとよいでしょう。

❺学習面で意欲の低下がみられた生徒

　1学期と比べて,もっている力を出し惜しみしている場面が多くなりました。教科担任の先生から励ましの声がかかるのは,もっているよさを大いに発揮してほしいという期待であることを忘れないでください。

　1学期からの変化を率直に表現している所見例です。通知表は,どの家庭も長く保管します。長年経って読み返す場合も考え,期待しているからこその指摘であることがわかるよう,ていねいに表現しましょう。

20 冬休み

トークのネタ 冬休みの前に

1 話し始める前に

　中学校生活２回目の冬休みは交友関係や活動範囲が広がった中で迎えます。短い休みながら，クリスマスやお正月といった生徒にとって楽しい行事が続き，生活のリズムの崩れも心配されます。

　そこでまず，生徒指導面の話をします。最も強調すべきは，部活動や補習・補充学習，ボランティア活動等に積極的に参加し，授業日と同様の生活をするということです。１年のとき以上に徹底させる必要があります。そのためには，各活動の目標を細かく具体的に立てさせることです。部活動での目標，補充学習での目標，家庭生活での目標というように，細かく分けて目標をもたせます。３年を見据えた目標であればベストです。

　もう１つ強調すべきは，家族や地域とのかかわりをもつことです。友人関係が第一になっているこの時期だからこそ，年末年始の家族行事や地域行事に参加することで，家族や地域の一員であることを自覚させたいものです。

2 話の献立

- **１年のときの反省**（冬休みの生活の問題点を共有するために）
- **休み中の生活**（細かな目標をもち，授業日と同じような生活リズムをつくることを意識させる）
- **冬休みの家族や地域の行事**（家族や地域の一員としての自覚を高める）

トーク　冬休みの前に

　あと数日で冬休みになります。1年生のときの冬休みを思い起こしてみましょう。どんな生活を送りましたか？

　1年前のことでなかなか思い出せないかもしれません。「補充学習は真剣に取り組めたか」「課題の取り組みはどうであったか」「部活動は休まずに参加できたか」「早寝早起きができたか」など細かく分けて聞いて，発言しやすい雰囲気をつくっていきましょう。出された反省を「冬休みに心配されること」「今年の冬休みに克服すること」としてまとめることで，学級全員で問題を共有することができます。

　冬休みは，クリスマスやお正月などの行事があり，生活が乱れがちです。今年は，これらの課題を克服し，3年生へつなげていく大切な休みとなります。そのためには，一つひとつの活動に具体的な目標をもつことが大切です。2学期の自分の活動を反省し，部活動，補習・補充学習，家庭での生活等の目標を立てましょう。具体的であればあるほどよい目標になります。

　冬休みの計画を立てるカードがあれば，そこに細かく目標を立てることができるスペースをとります。目標が決まって時間があれば，全体や班の中で発表させます。自分の目標に責任をもたせます。

　さて，年末年始には家族の中でも，地域の中でも様々な行事が行われます。みなさんの家族や地域にはどんな行事がありますか？

　具体的にどのような行事があるのかイメージできない生徒もあります。具体名をあげさせ，その行事の意味などの補足をしつつ，どうかかわるかについても確認していきましょう。

　冬休みの生活を充実したものにするために，もう1つ大切なことがあります。それは，こうした行事に積極的にかかわるということです。家族の一員，そして地域の一員であることを強く感じるよい機会です。

　自分が周りの多くの人たちに支えられていることに気付かせることにもつながります。特に，地域の人との交流は大きな意味があります。

20 冬休み
生徒をやる気にさせる冬休みの学習法

1 出力することのよさを伝える

　２年の冬休みといえば，のんびり屋の生徒にも受験に向けて真剣に勉強を始めてほしい時期です。勉強への意欲を高めるには様々な方法がありますが，効果的な学習法を示すのも，１つの方法です。

　脳科学者の池谷裕二氏は，脳のパフォーマンスは，入力より出力のときの方が働くといいます。覚える（入力）作業も大切ですが，中途半端でも覚えたことを声に出したり，紙に書いたり（出力）した方が，脳はよく働き，覚えもよくなるということです。この話を紹介して，冬休み中の学習では，出力することを意図的にするように助言してみてはどうでしょうか。

2 問題集は「〇〇」法で

　こちらは，問題集にかかわる学習法です。

　大前提として，問題集はできないところが出てくるのが当たり前で，それらを解決するために活用するというスタンスをはっきりさせます。

　その点を踏まえ，問題集の問題番号の横に正誤記録をつけることをすすめます。間違った問題には「×」を，正解した問題には「〇」をつけるのです。「×」となった問題も，もう一度取り組んで正解すれば「〇」がつき，「×〇」と記録が残ります。重要なのは「〇」が二度続くまでやること，つまり「×〇〇」となるまで，その問題に取り組むことで，問題集を有効活用できている１つのバロメーターになります。ごく簡単なことですが，どの問題にも〇が２つ続くと生徒にとって大きな自信になります。

脳のパフォーマンスを知らせる板書例

脳
入力より出力の方がパフォーマンスを発揮する

覚えることは見ているだけでは無理
覚えるには，声に出すこと（例えばお風呂で）
覚えるには，紙に書くこと（例えば使い残しのノートへ）
中途半端でもいい！口を動かせ！手を動かせ！

どの問題にも○が2つ並べば生徒の自信に（一番左の○, ×が最初に取り組んだときの正誤）

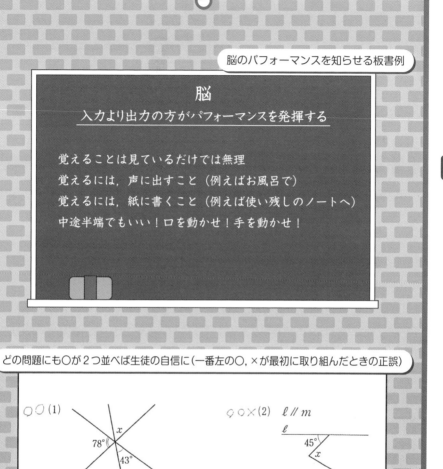

21　3学期始業式

トークのネタ　3学期始業式の日に

1 話し始める前に

　年が明け，新しい目標や希望をもって登校する3学期始業式の日。この日は，ほとんどの生徒が前向きな気持ちになっています。そのすばらしい気持ちを認め，具体的な行動へとつなげるのが担任の最も大きな役割です。全体や班で発表しながら，3年にどのようにつなげていくかを考えさせましょう。特に，進路選択に向けて重要な準備期間であることを意識させます。

　3学期は，3年生からバトンを引き継ぐという意味でも重要な学期です。卒業式関係の行事の取り組みを通して，学校を動かす中心学年とならなくてはなりません。それぞれの大きな目標の実現に取り組む3年生をサポートする中で，来年度に3年生として学校の顔となるにふさわしい実力を身に付けさせたいものです。この3学期が，「3年0学期」と呼ばれる理由がここにあります。この日は，3学期の主な行事予定を確認しながら，そうした自覚をもたせていくような話をします。

2 話の献立

- 3学期を迎えての夢や希望（自分の目標に責任をもたせる）
- 2年3学期の意味（すべてのことが3年につながる，特に進路選択に向けた重要な準備期間であることを意識させる）
- 「3年0学期」として（学校の中心学年としての自覚をもたせる）

トーク 3学期始業式の日に

> 新しい年を迎え，今日から3学期が始まります。皆さんはどのような目標を立てましたか？　発表してください。

　時間があれば，一人ずつていねいに聞きます。なければ，班の中での発表や代表者の発表という形でよいでしょう。2年生なので，当然，進路や部活動に関係した目標が多いことが予想されます。生徒が発言した後は，その目標が3年にまでつながっていくということを意識させるような問いかけをします。

　例えば，「部活動でレギュラーになりたい」と発表した生徒には，「3年生の大会でどこまで目指しますか？」と聞きます。「県大会です」など明確な答えを求めているわけです。進路についても同様です。「順位を20番以上上げたい」という生徒には，「そのためには，どのような勉強をするとよいでしょうか？」と問いかけ，その学習が3年での進路選択につながってくることを補足します。

> 予定表を見るとわかるように，3学期は卒業式関連の行事が予定されています。2年生は，送る側の中心的存在として取り組みます。皆さんは，どのような気持ちでこうした行事に臨みますか？

　「3年生に安心して卒業してもらいたい」「3年生のあとをしっかり引き継ぐ」といった意見が出ることでしょう。こうした意見をとらえて，3年生から2年生に学校を動かす中心学年が変わっていくことをしっかりと自覚させましょう。「もう3年は始まっている」という気持ちにさせることが大切です。

> 4月からは，2年生が学校の顔となり，様々な行事の中心的な役割を果たします。そのための力を蓄えるのがこの3学期です。したがって，この2年の3学期のことを「3年0学期」と呼ぶことがあります。この3学期は2年生が学校のリーダーです。リーダーと呼ばれるにふさわしい活躍を期待しています。

21 3学期始業式

写真で提示する望ましい姿

1 写真で望ましい基本的な生活習慣を示す

　２年もあと３か月。学級担任としては，不十分であると思われることを３年生となる前にしっかりと身に付けさせておきたいという気持ちになることでしょう。

　その際，基本的な生活習慣などに関しては，言葉で伝えるよりも，写真を用いた方がずっとよく伝わる場合があります。

　例えば，トイレのスリッパの整頓はできているでしょうか。雑巾はいつもきちんと干されているでしょうか。授業後の教室は整然としているでしょうか。これらの望ましい状況を写真に撮り，モデルとして提示します。教師が細々としたことを言葉で伝えるのとは説得力が違います。

　その後，しばらく間を開けて，学級の実際を撮影し，生徒に示すとよいでしょう。望ましい姿に近づいているかを目の当たりにさせるためです。

2 写真で望ましい授業風景を示す

　写真で示すのは，学級生活だけに限る必要はありません。望ましい授業中の姿も，口頭で伝えるより，写真の方がよく伝わります。

　ただし，その写真の解説をしなければ，生徒は写真が意図しているところをなかなか理解できません（だれが写っているかといったことに関心が逸れてしまいがちです）。「わからないという人には自分のノートなどを見せてしっかり教えましょう」「発表者の方に体を向けて聞きましょう」などと写真の解説をして，価値づけします。

望ましい基本的生活習慣を写真で示します

望ましい授業中の姿（発表者の方に体を向けて聞く）も写真で

21 3学期始業式

22 学年末テスト

トークのネタ 学年末テストの前に

1 話し始める前に

　「入試勉強は，３年生になってからで大丈夫」という言葉を，この時期の生徒の口からよく聞きますが，３年からの学習をスムーズに進めるためには，この２年最後の定期テストの取り組みを充実したものにすることが大切です。新年度当初は，新しい組織づくり，新しい友人関係の構築でゆっくりと学習のことを考える余裕がないので，ゆとりのあるこの時期が最適です。

　学年末テストの範囲が，１年間の学習範囲すべてであれば，弱点となる部分を早期に把握する必要があります。そのうえで教科ごとに弱点克服のための具体的な目標を立てさせます。ここで大切なことは，この学年末テストの取り組みのスタイルを，そのまま３年でも継続するように意識させることです。これまでの学習時間に入試等を意識した学習時間を増やすこと，弱点克服のための学習時間を増やすことなど具体的に話をします。学習する時間帯についても，１日の生活の中に無理なく位置付けさせることが重要です。

2 話の献立

- **早期に取り組むことの重要性**（「３年生になってから」ではなく，早ければ早い方がよいことを認識させる）
- **具体的な目標の設定**（教科ごとに何に取り組むか細かく決めておく必要があることを伝える）

トーク 学年末テストの前に

　来年の今ごろ，みなさんはどんな状況にあるでしょうか。高校入試や採用試験に臨んでいる時期になりますね。ところで，こうした試験に対する準備，対策はいつごろから始めるとよいと思いますか？

　来年度のこの時期を想像させながら，試験に対してどれくらいの意識をもっているか確認します。「今から」「3年生になってから」「夏の大会が終わってから」「もう遅い」と様々な答えが返ってくることでしょう。早ければ早い方がよいのですが，大半の生徒は「3年生になってから」という考えをもっています。

　この学年末テストは，2年の学習を締めくくる大切なテストであると同時に，3年の入試勉強につながるという意味でも大切なテストなのです。「3年生になってから」という人が結構いましたが，それだと本当に学習のペースがつかめて効果が上がってくるのは夏休み前後になり，入試まで半年しかありません。4月からよいスタートを切るためには，遅くともこの時期から準備を始める必要があります。では，具体的にどんなことをするとよいのでしょうか？

　このテストをきっかけとして，自分の学習状況を確認して，各教科の弱点を把握すること，学習時間を増やし，テスト後もその時間を維持すること，学習する時間帯を固定化し，生活習慣の1つとすることなどを具体的に指導します。

　「今回のテストの結果を，1年間の中で最高の結果にしましょう。仮に結果は出なくても，今回の取り組みは，3年の学習に必ずつながります。この1週間のテスト期間を入試に向けた土台づくりとします。さあ，そのために各教科の目標と学習する内容を細かく決めましょう。

　具体的に学習計画表などを作成させ，ひと目で努力のあとがわかるようにします。結果も大切ですが，地道に努力を重ねていく姿勢を身に付けることが大切であるということを意識させます。自発的に学習しようとする態度は，3年での学習の基本姿勢になります。

22 学年末テスト

テスト勉強に
学級の力をフル活用！

　3年になってからの取り組みを意識してテスト勉強に臨ませるためにはどうすればよいか。生徒一人ひとりの意識を高める必要があるのは当然ですが，こういうときこそ目標を共有する学級の力を活用したいものです。

1 テスト週間しまっていこう会議

　学級会を開き，テスト週間に特に気を付けることを生徒に考えさせ，教室の前に掲示し（右ページ上の写真），いつでも意識できるようにします。

2 3年生を見習おう作戦

　3年の担任の先生に撮ってもらった3年生が勉強している写真を掲示します。部活動の先輩が映っていると，部活動とはひと味違った先輩の表情に興味を示す生徒もいます。

3 みんなでチャレンジ！予想問題

　学習係が簡単な予想問題をつくり，それを学級会などでみんなで解くと，わからない生徒がわかる生徒に聞くなど，みんなで勉強しようという雰囲気が高まります。

4 生徒の気持ちを奮い立たせる掲示物

　右ページ下の写真のような，ごく短いシンプルなフレーズは，生徒の気持ちを奮い立たせるのに効果的です。

受験生のつもりになって生徒がまとめたテスト週間の心得

シンプルなフレーズが生徒の気持ちを奮い立たせます！

22 学年末テスト

23 職場体験学習

トークのネタ　職場体験学習の前に

1 話し始める前に

　生徒が人生の中ではじめて「働く」という体験をするのが職場体験学習です。この学習にはたくさんの意義がありますが，わかりやすい言葉でポイントを絞って話をします。

　働くことから，生徒は仕事の楽しさと厳しさを学びます。楽しいと感じるのは，人の役に立ち，感謝され，自分の力が認められたときです。そのためには，自分の仕事に責任をもち，積極的に職場の人やお客さんとのコミュニケーションをとることです。まず，このことを生徒に伝えましょう。厳しさについては，社会や職場のルールやマナーを通して実感します。時間を守ること，身だしなみを整えること，言葉遣いに気を付けること，の3点は強調して伝えておきましょう。

　そして，もう1つ指導しておきたいのが，職場の人たちの仕事に取り組む姿勢や表情などを，じっくりと観察してくるということです。そうすることで，仕事の楽しさと厳しさを実感できるはずです。

2 話の献立

- ■**仕事の楽しさ**（責任感とコミュニケーションの大切さを知らせる）
- ■**仕事の厳しさ**（社会のルール・マナーの大切さを知らせる）
- ■**大人の働く姿勢**（働く人の姿から仕事の楽しさと厳しさを学ばせる）

トーク 職場体験学習の前に

　来週から2年生全員が職場体験学習に出かけます。社会や職業を知るための第一歩となります。緊張している人も多いと思いますが，皆さんは，この職場体験学習で何を楽しみにしていますか？　あるいは何を期待していますか？

　「仕事を覚えること」「親がどんなところで働いているか知ること」「お客さんと話すこと」といった答えが返ってくることでしょう。そういった答えに触れながら，職場体験学習の楽しさについて，短時間でよいので話し合いを行います。

　まず，自分に与えられた仕事に責任をもち，やりとげることに全力を注ぎましょう。きっと職場の方やお客さんからの感謝の言葉となって，その努力を認めてくれますよ。そして，それが喜びや楽しさにつながっていきます。この感動，必ず味わってきてください。

　仕事を間近で見られることの楽しさや，職場の人やお客さんとのコミュニケーションにどうしても目がいきがちですが，自分の役割に責任をもって仕事をすることで自分が認められ，人の役に立つことの喜びを感じることができるということを必ず押さえておきます。

　もう1つ学ぶべきことがあります。社会人として3つのことを実践してきてほしいと思います。それは，時間を守ること，身だしなみを整えること，言葉遣いに気を付けること，の3つです。この3点ができていなければ，当然，職場の方から厳しい指導があります。仕事の厳しさは，ここから始まります。

　上記の3つは，普段学校でも指導されていることです。学校での学習が社会につながっていることを意識させる絶好の機会でもあります。最後に，職場の人たちの姿をしっかり観察することも付け加えます。

　最後に，皆さんがお世話になる職場の方たちの仕事ぶりをしっかり見てきてください。仕事の楽しさと厳しさを，その姿勢や表情から学ぶことができます。

23 職場体験学習

模擬面接で職場体験学習の準備は万全！

1 模擬面接のチェック役は生徒に

　あいさつ，返事がきちんとできるか。礼儀正しく受け答えができるか…。
　こういったことをチェックするために，職場体験学習に行く前に模擬面接を行うのは効果的です。受け入れ先の職場の方の役は教師がやります。話の聞き方やあいさつ，言葉遣いなどを待っている他の生徒が厳しくチェックし，気付いたことを右ページ下のようなワークシートに記入していきます。
　このように，生徒をチェック役につけることで，緊張感をもって模擬面接を行うことができます。チェックしている生徒にとっても，模擬面接をしている生徒の姿を見ることで，自分自身のとるべき行動やあるべき姿を考えることができます。

2 気付いたことを話し合い，改善

　模擬面接が終わったら，生徒同士でお互いの面接で気付いたことを話し合います。
　まず，ワークシートの項目ごとによかった点，悪かった点を互いに言い合います。そのうえで，悪かった点についてはどうすればよかったのかを話し合います。「言葉遣いが悪かったので直す」ではどこをどう改善すればよいのかわかりません。具体的にどんな言葉遣いをすればよかったのか，また言葉遣いだけでなく，表情や声の大きさなど付随する改善点も指摘し合います。事前に改善できることは改善し，受け入れ先でお世話になる方に不快な思いをさせないように，徹底させておきましょう。

模擬面接の様子

模擬面接で使用するチェックシート

職業人体験事前面接チェックシート

項目	評価	気づいたこと
話の聞き方 （表情・態度など）	△	相手の方を向かずに、なんとなく聞いている気がした。
あいさつ （声の質・大きさ）	○	声は大きいけど、はっきり言えていないと思う。
言葉遣い （敬語など）	△	おかしな敬語となれなれしい話し方だった。失礼だと思う。
服装・髪形 （身だしなみ）	○	校則に違反していないし、ふつうだと思う。
その他	△	全体的に表情がきつく、怒っているような感じで印象が良くなかった。

23 職場体験学習

受け入れ先で誤解を受けないために

1 学ばせること

　職場体験学習では，多くの場合，体験場所の希望を生徒に聴取します。しかし，当然のことながら，全員の希望通りになるわけではありません。また，希望を聞くことで，生徒は自分たちが職場を選ぶ立場であると錯覚しがちです。

　そういったことを踏まえて，「職場」ではなく，「職業人」つまり働く人の体験をすることが職場体験学習の本来の目的であるということを，しっかりと理解させておきたいものです。

2 誤解を受けないために

　受け入れ先の方々は，忙しい中，「若い人たちの将来のためになるのなら」と引き受けてくださっています。

　そういったことを考えると，礼儀正しい言葉遣いや態度はごく当然のこととも言えますが，人見知りや緊張しやすい性格のために，誤解を受けてしまう生徒も少なからずいます。

　そこで，職場体験学習の前に，右ページ下のようなアドバイスを教室に掲示して，普段の学校生活においても意識させるようにします。性格的なことなので，一朝一夕に大きな変化が見られるというわけではありませんが，意識して臨むのとそうでないのとでは，生徒の気持ちの面でも大きな違いがあります。また，そういった生徒の努力がわかれば，受け入れ先でもかわいがってもらえるはずです。

「職場」ではなく、「職業人」体験が本来の目的

職業人体験の目標

- 「働く」人や現場を間近に見て、感じて、自分の未来を考えましょう。
- 地域の事業所で活動することで、地域の一員としての自覚を持ちましょう。
- 社会人として通用する、礼儀やマナーを身につけましょう。

受け入れ先で誤解を受けないようにするためのアドバイス

人見知りで、不安な人へのアドバイス！！
こうすれば、愛され、かわいがられる存在になれる（はず・・・(ー_ー)!!　）

- 笑顔であいさつすること。
- 明るく元気に返事すること。
- きびきび行動すること。
- 顔を向けてうなずきながら話を聴くこと。

毎日の中学校生活の中で実行していきましょう！

23 職場体験学習

最低限守るべきことを
カードに

1 将来を見据えて

　職場体験学習の体験場所は，生徒に希望をいくつか聞いた後，教師側で割り振ることが多いでしょう。しかし，だれもが第一希望の場所に行くことはできません。その場合，生徒たちは「あそこがよかったな。本当はこっちには行きたくない」といったことを口にすることがあります。しかし，このようにやる気のない状態で体験学習当日を迎えては，せっかくの体験で得られるものが減ってしまいます。何より受け入れ先の方に迷惑をかけることになります。

　現実社会を考えても，将来自分の希望通りの職種に就けるとは限りません。このことを学ぶ第一歩として，職場体験があることを生徒に認識させる必要があります。また，関心がなかった仕事の方が，新鮮で新しい気付きがたくさんあるということも付言しましょう。

2 守るべきことをカードにまとめて

　職場体験では，幅広い年齢の大人と接します。そのため，何十年もの年齢差のある職場で働くとなると，生徒たちは緊張もあって，普段のよい面を出せないことがあります。そこで，体験学習に出る前に右ページ下のように，生徒が受け入れ先で最低限気を付けるべきことをまとめたカードを渡しておきます。

　細かく言えばそのほかにも気を付けるべきことはたくさんありますが，多すぎると意味をなさなくなるので，短文で5，6項目に絞ります。

現実的な将来を見据えて職場体験学習の意味を理解させます

受け入れ先で必ず守るべき最低限のことをまとめたカード

❶出勤したら「おはようございます」

❷退勤のときは「お先に失礼します」

❸名前を呼ばれたら「はい」

❹教えてもらったら「ありがとうございます」

❺お弁当を食べるときは「いただきます」「ごちそうさま」

❻遅刻は絶対しない。万が一しそうなときは会社に電話。

24 卒業生を送る会

トークのネタ　卒業生を送る会の前に

1 話し始める前に

　２年生が中心になってつくり上げる最初の学校行事が，卒業生を送る会です。この大行事を成功させるためには，しっかりとした心構えが大切です。在校生の感謝の気持ちを伝え，卒業生に恩返しする会であるということを強く意識させましょう。

　そして，この行事の成功が学年を１つにまとめ，４月から学校の中心学年としての活躍するこの学年の自信となることを強く自覚させましょう。また，各自が全力でその役割を果たすとともに，リーダーである生徒会役員や学級役員を盛り立て，協力することの大切さについても強調します。

　さらに，こうした"おもてなし"の心を学ぶことは，自分中心の幼い心から，他者を優先して考えることができる大人の心に成長する絶好の機会であることを確認したいものです。

2 話の献立

- **会に臨む姿勢**（感謝の気持ちを伝え，卒業生に恩返しする会であることを意識させる）
- **学年としての成長**（学校の中心学年としての最初の行事であることに気付かせる）
- **人としての成長**（人に喜んでもらうことのよさを伝える）

トーク 卒業生を送る会の前に

> これから，2年生の皆さんは「卒業生を送る会」の準備期間に入ります。忙しい中でも，きめ細やかな準備や真剣な練習が求められます。ところで皆さんは，この卒業生を送る会をどのような会にしたいですか？

まずは，この会の意味を確認するために，どのような会にしたいかを生徒に問いかけます。

「3年生に喜んでもらいたい」「泣けるほど感動させたい」「楽しんでもらいたい」といった意見が出てくるはずです。それらの意見を受け止めて，簡潔な言葉で会に臨む姿勢を確認しましょう。

> そうです。この会では，感謝の気持ちを全力で3年生に伝えよう！ そして，3年生を必ず感動させよう！

前向きかつシンプルな言葉で表現することで，生徒の「会を成功させよう」という意識を高めます。言葉は短くとも，気持ちを込めて熱く語ることが大切です。

> この会は，2年生が学校の中心となって企画・運営する最初の大行事です。この会の成功が，この学年にとって大きな自信になります。皆さん一人ひとりがしっかりと役割を果たし，生徒会や学級役員を大いに盛り立て，協力していくことが会の成功につながります。

この言葉の後に，学級のリーダーから会に臨む決意を語ってもらいましょう。会に向かう生徒の気持ちはさらに高まっていきます。学級が1つにまとまる大きなチャンスです。

> 皆さんは，「おもてなし」という言葉を知っていますね。この会では，皆さんが3年生をおもてなしします。会の中での3年生の表情を目に焼き付けておきましょう。会が終了した後，3年生をおもてなしした感想を聞いてみたいと思います。

人のために尽くすことの意味を感じさせるために，こうした問いかけをして，会の準備に臨ませます。

24 卒業生を送る会

生徒中心で会の準備を進める手だて

1 卒業生を送る会は3年生としての第一歩

　先輩に感動してもらえる会にすることはもちろんですが，会で何を行うかを考えるところから生徒に任せていきましょう。ただし，生徒に任せるということと，生徒に丸投げするということは違います。学年団であらかじめコンセプトを共有しておき，そのうえで生徒と相談を進めていくことが大切です。

2 教師は縁の下の力もち

　例えば，合唱を贈りたいという案が出たとします。そのときに，どういう気持ちで，何を歌うのかを生徒に聞きながら決めていきます。いくつかの案を生徒に出してもらいながら，最終決定は教師側で行ってもよいでしょう。生徒の意向を尊重しながら物事を決めていくことで，生徒に責任感をもたせ，「会を成功させるぞ！」という気持ちを高めていきたいものです。

3 チーム合唱

　合唱の練習では，「チーム合唱」などと名付けて各学級のパートリーダーを中心とした合唱団を結成することがおすすめです。「チーム合唱」の練習では教師が指導に入りますが，学年全体の練習では「チーム合唱」の生徒の指導に任せます。はじめはうまくいかないこともありますが，生徒が迷ったときこそ生徒が大きく成長するチャンスです。この過程で生徒に学校のリーダーとしての自覚ももたせることができます。

おおまかな練習計画を生徒に知らせるプリント

♪卒業生を送る会に向けて♪

先日の学運会で、卒業生を送る会で合唱を送ることになりました。そこでチーム合唱の活動を開始していきたいと思います。

★合唱曲　「手紙」

★練習について

　　チーム合唱Jrを結成します！3年生で行うチーム合唱に向けた活動として、チームJrと名前をつけ、合唱練習をリードするチームを作ります。
　　　　今回の構成メンバーは、各クラスの4役とパートリーダーです。

★練習計画

　　2月　日・日・日　　ST後　チーム合唱Jr　合同練習会　第3音楽室
　　2月　日（　）〜 2月　日（　）帰りST時　各学級にて
　　　　※各クラスでパートリーダー中心にパート練習
　　2月　日（　）〜 2月　日（　）朝学時　チームJrが中心となって練習
　　　　※パートの合同練習　練習計画を考えておこう
　　1組…1〜3組男子、2組…1〜3組アルト、3組…1〜3組ソプラノ
　　4組…4〜7組男子、5組…4〜7組アルト、6組…4〜7組ソプラノ
　　2月　日（　）・　日（　）朝学時　第1音楽室　学年練習
　　　　※全体練習！どんな思いで送る会を迎えたいのかを、みんなに話せるように

1週間を単位として目標をもたせ，生徒に毎日の振り返りをさせます

★第6回　チーム合唱Jr★

来週で1月も終わりになります。そして、卒業生を送る会まで1ヶ月を切りました。今週の練習は実のあるものになりましたか？ただ時間だけが過ぎ、何も成長がないということにならないように計画的に練習を進めていきましょう。

★チーム合唱Jr 今週の目標★
・全員が合唱に対して本気になれる声をしていこう！
・リーダーとしての自覚をもって活動に取り組もう！
・誰よりも早く、曲を覚えよう！【正しい音程＆強弱】

月曜日の反省：GIFTは、半分ぐらい、音程がちゃんととれるようになってきた。
　　　　　　　一部歌いにくるのは、大きな声で音程もしっかりで歌えている。
火曜日の反省：声も表情いいいい表情でした、よくく
水曜日の反省：〈GIFT〉最後の方の音程が少しびみょうだが、ほとんど歌えるようになった。
木曜日の反省：〈GIFT〉音程がかなりカンペキ、私は強弱をきをつけて歌えるようにしたい。
金曜日の反省：〈GIFT〉自信を持って歌えるようになってきました。
　　　　　　　気持ちも歌詞を考えながらいいと思いました。

火曜日の反省：楽譜の順番がわからず、しっかり歌えていない人がいた。
水曜日の反省：ほとんどの人が、同じところで音程がはずれていたので直したい。
木曜日の反省：男子の声が女子の声に負けているので、と声量を上げたい。
金曜日の反省：音程はよくなったけど、全体的に声が小さい。

2章　中学2年の学級づくり　365日の仕事術＆アイデア

24 卒業生を送る会

スライドショーで感動を演出！

1 まずは学級間で調整を

　劇，スライドショー，クイズ，ダンスなど，卒業生を送る会でクラスごとに出し物を行う場合は，なるべく出し物の種類が重複しないように，事前に調整する必要があります。

　出し物が決まったら，クラス全員で作業，練習など，実際の準備に入っていきます。

2 感動を呼ぶスライドショーのつくり方

　劇や合唱なども喜んでもらえる出し物ですが，3年生に好評なのが，3年間の思い出の写真を集めてつくるスライドショーです。昨今はフリーのスライドショーソフトなども充実してきており，生徒の力で完成度の高い作品をつくることも可能です。

　使用する写真を選別する際のポイントは，全体写真より，少しアップの写真を中心にチョイスするということです。写真から一人ひとりの表情がよくわかると，楽しい雰囲気や感動を生み出します。

　構成としては，まず1年，2年，3年と学年別に分け，その中で入学式，始業式，遠足，体育祭，合唱コンクール，…などの行事に分けて写真を集めていきます。ここでポイントになるのが，1枚の写真を長時間映すのではなく，できるだけたくさんの写真を短時間でテンポよく映していくということです。その中で，ＢＧＭも大切になってきます。行事にゆかりのある曲を写真とともに流すと，より大きな感動を呼びます。

会場の飾りつけも会の雰囲気を盛り上げる重要な要素です

感謝の気持ちを込めて全員でつくり上げる出し物

25 修了式

トークのネタ 修了式の日に

1 話し始める前に

　この日は、1年間様々な思い出をつくってきた仲間との別れの日です。年度の後半以降、学校行事や部活動、生徒会活動の中心となり活動してきた2年生は、1年生のとき以上に仲間と深い絆で結ばれています。1年間の学級の活動を振り返り、思い出を語り合いながら、お互いの成長、そして学級の成長を確かめ合いましょう。

　そして、別れを前にした思いをできるだけ多くの生徒から聞きます。学級への思いや自分の活動に対する反省などを生徒自身の言葉で自由に表現させます。担任として、それらの思いをしっかりと受け止めると同時に、最上級学年である3年に向けての希望や夢があるかを問いかけ、新年度へ向けての意識を高めます。

　最後に、担任自身の口から、この1年間の学級や生徒に対する思いを熱く語りましょう。担任の最後の言葉は、新年度に向かう生徒の大きな力になります。

2 話の献立

- 学級の歩みの確認（1年間の学級と生徒の成長を確かめ合う）
- 今の思いと3年への思い（最上級学年に向けての自覚を高める）
- 担任の思い（感謝の言葉を中心に担任としての思いを語る）

トーク 修了式の日に

　いよいよ修了式の日を迎えました。この学級で，そして，この仲間で生活するのは今日が最後です。この１年間，この学級で様々なことを一緒にやってきましたが，どんなことが印象に残っていますか？

体育大会や合唱コンクール，卒業生を送る会など大きな行事があがりやすいので，なぜ印象に残っているのかも問いかけます。

　こうした行事や活動を通して皆さんは大きく成長してきましたが，今，皆さんはどんな気持ちでいるでしょうか？　自分への反省やこの学級に対する思いを話してください。

自分の思いを話すことに苦手意識をもっている生徒は少なくありません。意見が出ない場合は，「この学級にいてよかったと思うことはどんなことですか？」「この学級の仲間をどう思いますか？」「この学級にいて自分が成長したと思えることは何ですか？」といった発問も用意しておきます。

　４月からはいよいよ３年生。この学校の最上級生になるわけですが，皆さんは，どんな３年生になりたいですか？

自由に発言させましょう。まとめる必要はありません。４月からの自分の姿を想像させます。修了式の日に新学期の姿を想像することで，成長した自分の姿をしっかりとイメージさせ，春休み中の学習や生活面に対する意欲を高めます。

　さあ，いよいよこの学級，この仲間との別れの時間が近づいてきました。今年１年間の成長は本当に見事でした。３年生からバトンを引き継ぎ，立派に学校の「顔」になりました。この学年，この学級を担当できたことを心から誇りに思うと同時に感謝しています。皆さん，本当に１年間ありがとう。先生も幸せでした。心より感謝します。３年生になっても，皆さんは立派にやっていけます。誇れる学年です。４月を楽しみにしています。

時間は限られていますが，担任としての最後の指導場面です。感謝の言葉を中心に，熱い思いを伝えましょう。短く簡潔であっても，先生の心のこもった最後の言葉は生徒の心に必ずや染み渡っていきます。

25 修了式

2年生担任としての別れの演出の仕方

1 3年で遺憾なく力を発揮できるように

　担任をしていると，現在の学級が，生徒にとっていつまでも一番であってほしいという願いを誰しもがもっているはずです。

　しかし，義務教育の最終年である3年を，生徒の人生の中で一番の思い出にしてあげることが，2年生担任の大きな仕事でもあります。3年生になった後,「2年生のときの方がよかった」「2年のクラスで卒業したかった」といった言葉が生徒から聞かれたら，それは2年生担任としての指導がよくなかったと受け止めるべきです。

　現学級のよさを3年のそれぞれの学級で遺憾なく発揮できるように，最後の最後までしっかりと指導したいものです。

2 3年生への誓い

　では，具体的にどのようなことをすればよいのでしょうか。

　例えば，生徒は環境の変化に敏感なので，修了式1週間前には，あえて思い出の学級掲示をすべて外します。何もないガランとした学級で1週間過ごさせることで，最後のひとときを意識させるためです。

　また最後の1週間で，2年の学級でよかった点を右ページ下のようなワークシートに整理させ，それを3年生になっても必ず引き継ぐことを誓わせます。「念書」という少し大げさとも言える表現をあえて用いることで，学校の顔になることの重みを自覚させます。

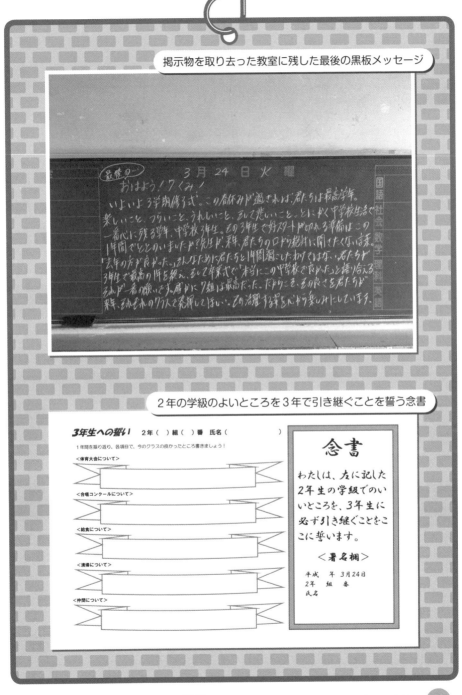

掲示物を取り去った教室に残した最後の黒板メッセージ

2年の学級のよいところを3年で引き継ぐことを誓う念書

3学期の通知表

❶ 3学期の通知表作成のポイント

　3学期の通知表は，1年間を総括するものであることを忘れてはいけません。これまでの評定や所見を一度じっくり見直す時間をつくるとよいでしょう。特に，生徒の向上した面をしっかりと押さえたうえで，学級担任として来年度に向けて最後のメッセージを生徒や保護者に送る気持ちで所見を書きましょう。

❷ 3学期の通知表所見の文例

❶1年間にわたって努力を続けた生徒

　この1年間，給食当番や掃除，係活動など，自分の仕事に強い責任感をもって取り組む○君は，学級になくてはならない存在でした。今後も努力する姿勢をもち続け，夢の実現に向かってさらに成長することを期待しています。

　努力を続けている生徒に対しては，結果の如何を問わず，その姿勢を大いに認めることが大切です。とりわけ，次年度においても継続してほしいことについてはしっかり伝えることを心がけましょう。

❷3学期の行事で顕著な活躍がみられた生徒

　「3年生に感謝の気持ちを届けたい」そんな思いで，巣立ちの会や卒業式の合唱練習に取り組みました。学級のためになることなら気持ちよく行動することができる○さんであり続けることを大いに期待しています。

　生徒の前向きな姿勢を大いに評価する所見です。生徒の活躍を認めているだけでなく，生徒への愛情も感じることができるはずです。次年度も活躍してほしいという願いをしっかり伝えることは大切です。

❸学習面で向上がみられた生徒

　英語のスペリングコンテストや英語コンクールに意欲的で，見事合格することができました。3年生になっても，粘り強く学習と向き合い，さらに自分の力を伸ばしてくれることを期待しています。

　どんな成果があったのかを明記すれば，生徒も保護者も何を評価されているのかがよくわかります。そのうえで次年度への期待などを述べ，励ますとよいでしょう。

❹学級生活で積極性がみられなかった生徒

　いつも学級全体の様子を観察しながら活動を続けた1年でした。何事も控えめでしたが，常に全体のことを考えることができたのは，実に立派です。3年生では，持ち前のデザイン力を掲示物作成などに生かすとよいでしょう。

　学級には様々な性格の生徒がいるので，だれもが積極的になることはありません。消極的な性格であっても，やるべきことに対して，どのように考え，行動をしているかをよく観察し，プラス面を強調して伝えましょう。

❺何事にも前向きになれなかった生徒

　一番印象に残っているのは，応援団長を務めてくれた場面です。あなたのがんばりをだれもが認めていました。大いなる力を秘めているので，3年生になってその力を存分に発揮してくれることを期待しています。

　本人が前向きになれなかった分，周囲が前向きな評価をした具体的な場面を例示することで，がんばりを称揚します。次年度の活躍に期待していることも忘れないように付言しましょう。

【執筆者一覧】

玉置　　崇（小牧市立小牧中学校長）
山田　貞二（一宮市立大和中学校長）

金子　和人（小牧市立小牧中学校教諭）
近藤　肖匡（大府市立大府中学校教諭）
芝田　俊彦（小牧市立味岡中学校教諭）
白石　多惠（小牧市立小牧中学校教諭）
田島　圭祐（一宮市立木曽川中学校教諭）
玉置　潤子（春日井市立高森台中学校教諭）
丹羽　浩一（小牧市立小牧中学校教諭）
筒井　研一（小牧市立小牧中学校教諭）
遠山　由香（小牧市立小牧中学校教諭）
永津　英一（岩倉市立岩倉中学校教諭）
林　　　紫（小牧市立小牧中学校栄養教諭）
平田みつこ（小牧市立小牧中学校教諭）
松井　綾子（岩倉市立岩倉中学校教諭）
松井美也子（小牧市立小牧中学校教諭）
三品　慶祐（小牧市立小牧中学校教諭）
水野　朋美（小牧市立小牧中学校養護教諭）
弓矢　敬一（一宮市立大和中学校教諭）
渡邉　明代（小牧市立小牧中学校教諭）

【編著者紹介】
玉置　崇（たまおき　たかし）
1956年生まれ。公立小中学校教諭，国立附属中学校教官，中学校教頭，校長，県教育委員会主査，教育事務所長などを経て，現在，愛知県小牧市立小牧中学校長。
文部科学省「教育の情報化に関する手引作成検討会」構成員，「学校教育の情報化に関する懇談会」委員，中央教育審議会専門委員を歴任。
著書に『スペシャリスト直伝！　中学校数学科授業成功の極意』（明治図書，単著），『わかる！楽しい！　中学校数学授業のネタ100　1～3年』（明治図書，編著），『中学校学級担任必携　通知表所見の文例集　1～3年』（明治図書，編著），『玉置流・学校が元気になるICT活用術』（プラネクサス，単著），『「愛される学校」の作り方』（プラネクサス，共著）など，多数。

中学2年の学級づくり
365日の仕事術＆アイデア事典

2015年3月初版第1刷刊	©編著者	玉　　置　　　　崇
2019年4月初版第5刷刊	発行者	藤　原　久　雄
	発行所	明治図書出版株式会社

http://www.meijitosho.co.jp
（企画）矢口郁雄　（校正）井草正孝
〒114-0023　東京都北区滝野川7-46-1
振替00160-5-151318　電話03(5907)6701
ご注文窓口　電話03(5907)6668

＊検印省略　　　　組版所　株式会社明昌堂

本書の無断コピーは，著作権・出版権にふれます。ご注意ください。

Printed in Japan　　　　ISBN978-4-18-175228-6

もう通知表作成で悩まない！

玉置 崇 編著

中学校学級担任必携
通知表所見の文例集

1，2，3学年別3分冊
各144ページ
本体各1,800円＋税

図書番号
1年／0355　2年／0356　3年／0357

各教科の学習から学校行事，部活動まで，学校生活のあらゆる場面を幅広くカバー。一つひとつの文例が短文なので，自由自在にカスタマイズできます。また，改善を促したいことなどを前向きに伝えられる「努力を促し，励ます文例」も収録しました。

総数1164の文例の中から，
クラスのどの生徒にもピッタリの一言が必ず見つかる！

明治図書　携帯・スマートフォンからは　明治図書ONLINEへ　書籍の検索，注文ができます。　▶▶▶

http://www.meijitosho.co.jp　＊併記4桁の図書番号（英数字）でHP，携帯での検索・注文が簡単に行えます。

〒114-0023　東京都北区滝野川7-46-1　ご注文窓口　TEL 03-5907-6668　FAX 050-3156-2790

＊価格は全て本体価表示です。